Daniela do Lago

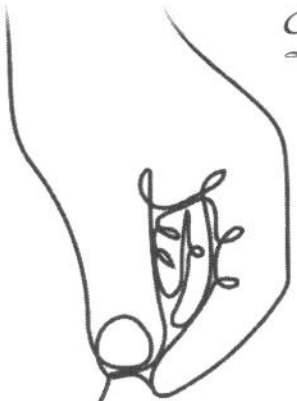

Bom Senso

Na vida e
no trabalho.
Você acha que
realmente tem?

Daniela do Lago

Bom Senso

Na vida e
no trabalho.
Você acha que
realmente tem?

INTEGRARE
EDITORA

Editores
André Luiz M. Tiba e Luciana M. Tiba

Coordenação e produção editorial
Estúdio Reis - Bureau Editorial

Preparação e revisão
Ana Luiza Couto

Projeto gráfico e diagramação
Gerson Reis

Capa
Q-pix – Estúdio de criação – Renato Sievers

Dados Internacionais de Catalogação na Publicação (CIP)
Angelica Ilacqua CRB-8/7057

Lago, Daniela do
Bom senso : na vida e no trabalho. Você acha que realmente tem? / Daniela do Lago. - São Paulo : Integrare, 2022.
208 p.

ISBN 978-65-89140-08-5

1. Desenvolvimento profissional 2. Conduta 3. Ambiente de trabalho I. Título

22-5612 CDD 174.4

Índices para catálogo sistemático:
1. Desenvolvimento profissional

Rua Tabapuã, 1123, 7º andar, conj. 71/74
CEP 04533-014 – São Paulo – SP – Brasil
Tel. (55) (11) 5841-1328
Visite nosso site: www.editoraintegrare.com.br

Dedicatória

Dedico esse livro aos meus afilhados, crianças e adolescentes que em breve vão iniciar na vida profissional. Quero que todos sejam profissionais de bom senso e que encontrem gente legal na estrada das suas carreiras.

Com amor, chamando pelo apelido carinhoso: Nega Negona, Tulituli, Theobas, Kirikiri, Amanda Lee, Angelicat, os trigêmeos Pedro, Nando e João.

Prefácio

O mundo inteiro precisa de bom senso.

No primeiro dia de trabalho, ele se apresentou com um tênis rasgado e com aspecto de que já fora usado por uns três anos consecutivos.

Imediatamente virou assunto para alguns, que se juntaram no café para julgar aquele ser de 35 anos como "negligente".

Assim que soube da fofoca, a gestora rapidamente desfez a rodinha dos desavisados, lembrando o principal valor da empresa: o respeito.

Sentou-se no final do dia para conversar com o homem, de natureza simpática e humilde. Seu dia foi bem produtivo. Dava para ver que ele aprendia tudo muito rápido e que era muito proativo.

O homem percebeu que havia algo estranho e perguntou para a gestora se tinha algo a ver com o seu tênis. O rosto dela evidenciou a preocupação.

Ele se desculpou imediatamente e prometeu que, no mesmo dia de seu primeiro pagamento, compraria um tênis novo. Sua filha tinha uma doença rara e todas as suas economias iam direto para pagar os remédios e os seus cuidados diários.

A gestora se ofereceu para antecipar algum dinheiro, mas o funcionário disse que, se não fosse ferir nenhum código de conduta, ele preferia esperar receber seu pagamento, como todo mundo.

Na manhã seguinte da data do recebimento, ele estava com um tênis novo. E os desavisados, com falta de senso, continuaram com os mesmos preconceitos de sempre.

A palavra "senso" significa juízo, entendimento. Pessoas com essa capacidade sabem analisar, julgar e decidir com ponderação, com sabedoria prática.

Elas observam o tênis e não julgam uma pessoa somente por esse único critério.

Incorporam todos os outros critérios, como a simpatia, a humildade, a produtividade, o aprender de forma rápida, a proatividade e, principalmente, a singularidade e o contexto de vida do novo funcionário.

Daniela do Lago explica que uma pessoa com "bom senso" é aquela que tem uma forma sensata e equilibrada de decidir e julgar.

Considero este livro extremamente importante porque ele nos ajuda a refletir e a melhorar nosso bom senso em vários aspectos e situações da vida profissional, relacional e pessoal: networking, WhatsApp, pontualidade, entrevista de trabalho, currículo, regras de convivência, pegar algo emprestado e devolver e até mesmo dividir a conta no jantar com os amigos...

Um dos que eu mais gostei foi sobre networking.

É importante ressaltar que a prática do networking obedece a regras gerais que não estão escritas em nenhum manual, mas que permeiam as entrelinhas do jogo corporativo – a regra de não abusar da boa vontade das pessoas. Mais uma vez, a falta de bom senso nesse assunto, o despreparo e o oportunismo arranham sua reputação perante o mercado.

Ter bom senso não é somente uma questão de educação, mas de inteligência, respeito e diferenciação.

O intuito deste livro não é ditar regras e sim oferecer reflexões e sugestões para que possamos criar formas éticas, saudáveis e produtivas de nos relacionar e conviver. Afinal, que valor tem um trabalho sem empatia, bom senso e respeito?

Eduardo Carmello

Founder da Entheusiasmos Consultoria em
Talentos Humanos – @eduardocarmello

Sumário

Antes de começar a ler este livro, convido você a fazer o teste que elaborei para descobrir se você realmente tem bom senso.

Criei esse teste para "avaliar" seu bom senso, pois, em minha prática, muitas pessoas julgavam faltar bom senso no outro e sobrar em si mesmas. Vamos checar se isso é verdadeiro?

É um teste simples, de múltipla escolha, sobre situações apresentadas neste livro. Foi inteiramente criado por mim e não tem intuito de validação científica neste momento, servindo, apenas, para direcionamento da leitura.

Avalie como anda seu bom senso analisando as afirmativas e negativas apresentadas a seguir. Marque as alternativas que forem mais próximas de sua experiência real, aquela que mais se parece com aquilo que você faz, ou costuma fazer, ou acredita que faria naquela situação ou circunstância no ambiente de trabalho. Seja o mais sincero possível.

Este não é um teste de conhecimentos e seu resultado não precisa ser compartilhado.

Você pode fazer o teste na página seguinte. Caso prefira, também pode escanear o QR code abaixo com seu celular ou, então, acessar, ainda, através do site www.danieladolago.com.br.

Bom teste a todos!

TESTE: Sou uma pessoa de bom senso?

		Nunca	Às vezes	Várias vezes	Sempre
1	Falo mal do meu emprego atual/anterior ou do chefe atual/anterior.				
2	Já escrevi informações que não são verdadeiras em meu currículo - fluência em algum idioma, por exemplo.				
3	Já enviei meu currículo para o e-mail de desconhecidos sem escrever nada personalizado no corpo da mensagem.				
4	Peço os trabalhos "para ontem" para minha equipe na empresa.				
5	Nas reuniões *online* (Zoom ou Teams) na empresa, deixo minha câmera de vídeo do computador no modo "aberto", assim todos me veem.				
6	Aceito presentes de qualquer valor de clientes e fornecedores da empresa.				
7	Deixo meu celular em cima da mesa, perto de mim, durante refeições e reuniões na empresa.				
8	Comercializo produtos de outros fabricantes dentro da empresa para complemento de renda.				
9	Repasso uma fofoca que me contaram sobre alguém na empresa.				
10	Escolho qualquer tipo de roupa para ir ao trabalho. Não tenho esse cuidado e preciosismo.				
11	Esqueço-me de deixar o celular no modo vibratório na reunião, aula ou qualquer ambiente com mais pessoas.				
12	Cumprimento as pessoas quando chego à sala de reunião.				
13	Falo palavrões no dia a dia do trabalho.				
14	Confesso que já perdi o controle com bebidas nas festas de final de ano da empresa.				
15	Participo de grupos de WhatsApp com conteúdo erótico ou pornográfico.				

continua

16	Continuo falando ao celular ao entrar no elevador com mais pessoas.				
17	Faço comentários em tom de brincadeiras ou faço gracinhas nas horas mais impróprias.				
18	Passo mais tempo olhando a página dos outros nas redes sociais do que postando conteúdo próprio.				
19	Faço questão de comentar todo post com o qual não concordo nas redes sociais.				
20	Compartilho conteúdo *online* sem ler.				
21	Prefiro usar fotos antigas em meu perfil de sites de relacionamento.				
22	Ajo no calor da emoção, publicando nas redes algo que senti como injustiça comigo ou com outros.				
23	Acredito que toda exposição *online* é positiva.				
24	Ouço música alta em qualquer horário do dia ou da noite.				
25	Fumo enquanto outros da mesa ainda estão comendo.				
26	Quando vejo um colega, digo frases como "vamos marcar um encontro" por questão de educação, mesmo sem intenção de fazê-lo.				
27	Ao pedir algo emprestado, estabeleço um prazo para devolução.				
28	Sempre uso palavras como "por favor", "com licença" e "obrigado".				
29	Aviso o outro que está com mau cheiro, mau halito, zíper aberto ou alface no dente.				
30	Faço somente o que quero quando viajo em grupo.				
31	Em um grupo de amigos, sou da filosofia do "sentou, sorriu, a conta dividiu!", mesmo que uma pessoa do grupo não tenha consumido o mesmo que eu.				
32	Sempre cumpro o que prometo.				
	Some o total de pontos				

Pontuação:
Nunca – 1 ponto
Às vezes – 2 pontos
Várias vezes – 3 pontos
Sempre – 4 pontos

Resultados

De 32 a 63 pontos:

Você é uma pessoa de bom senso. Mas lembre-se de que aprender nunca é demais. Leia o livro, dê atenção especial na Parte II aos capítulos 6, 19, 20, 35, 38 e 41 que tratam de assuntos super atuais do trabalho. Verifique os pontos que pode expandir em suas atitudes e compartilhe com quem convive contigo. Parabéns! Precisamos de mais pessoas assim em nossa sociedade e nas empresas.

De 64 a 95 pontos:

Seu bom senso está razoável perante as necessidades do dia a dia. No entanto, você deve prestar atenção na forma como vem cuidando de seu comportamento. Dê atenção especial na Parte II aos capítulos 4, 8, 13 e 18 que são questões gerais do trabalho, observe sua percepção com as pessoas ao seu redor, seja na empresa, família ou sociedade. Este livro poderá te trazer oportunidades de rever suas atitudes, sempre com intuito de aprender, crescer e avançar.

De 96 a 128 pontos:

Seu bom senso não está sendo eficiente – ou suficiente. Ouça o que as pessoas têm a dizer e aprenda com seus próprios erros. Este livro realmente precisava chegar até você e, com certeza, será fundamental para seu crescimento. Utilize tudo que ler aqui para aprender, crescer e avançar.

Boa leitura.

Bom Senso

Na vida e
no trabalho.
Você acha que
realmente tem?*

* "O bom senso é a coisa mais bem distribuída do mundo: todos pensamos tê-lo em tal medida que até os mais difíceis de se contentar nas outras coisas não costumam desejar mais bom senso do que têm." *René Descartes*

Parte I

Introdução

1. O que é bom senso? Será que você tem?

O dicionário traduz bom senso como a forma sensata e equilibrada de decidir e julgar; razoabilidade, prudência. Forma de agir que não é afetada pelas paixões, que se pauta na razão e no equilíbrio, de acordo com os padrões e a moral: "Eu não faria isso por uma questão de bom senso".

A palavra "senso" é definida como "juízo", "entendimento" e "sabedoria prática ou critério". Indica que a pessoa tem capacidade de julgar e decidir com inteligência. Evidentemente, o bom senso exige que usemos o raciocínio. Muitas pessoas preferem que outros pensem por elas e permitem que os meios de comunicação, os colegas ou a opinião popular decidam por elas também.

A vida é melhor quando usamos o bom senso. Infelizmente, são poucas as pessoas que parecem se lembrar disso. Todos nós temos bom senso, mas nem sempre o aplicamos. Em vez de pensarmos por nós mesmos, frequentemente deixamos a cultura popular e a mídia nos imporem seus conceitos. Nós nos deixamos levar pelo bombardeio constante de comportamentos de nossa sociedade, procurando nos convencer de que uma vida feliz é pavimentada somente em meus interesses pessoais e não na coletividade.

A falta de bom senso começa com a ideia traiçoeira de que, quanto mais nos concentrarmos em nós mesmos, melhor será a vida. O egoísmo presente nos faz viver numa sociedade de certa forma doente, em que cada um quer defender seus interesses - e, quando não conseguimos, atribuímos ao outro a culpa pela falta de bom senso.

Desenvolver o bom senso é vantajoso: deixa a vida mais interessante e pode nos poupar tempo. O bom senso até mesmo diminui a frustração que muitas vezes surge por fazermos as coisas sem pensar.

Se bom senso é bom, todos o querem e exigem que, na sociedade, as pessoas ajam com ele, como podemos adquiri-lo?

O bom senso nos habilita a fazer mais do que simplesmente seguir inúmeras instruções ou regras detalhadas, ajuda-nos a cumprir nossas responsabilidades. Não substitui, porém, a necessidade de assimilar conhecimento.

Vivemos em comunidade e para que todas as pessoas convivam bem foram criadas as regras. Você sabe o que são regras? As regras são formas de agir em determinados espaços que nos mostram o que devemos fazer para conviver bem com as outras pessoas. Se cada um fizer a sua parte, fica mais fácil conviver.

Pensando bem, será que toda regra foi criada pela falta de bom senso entre as pessoas? Vale a reflexão.

Muitos pensam que bom senso é relativo, que depende

da cultura, do local, das leis e das regras do ambiente. Para mim, em termos de bom senso, a lógica é universal, mas em razão da conveniência as pessoas o adaptam como melhor lhes convém.

É muito fácil confundir bom senso com educação. Normalmente, uma pessoa é considerada educada quando age com polidez, quando trata os demais de modo gentil e elegante. O termo "educado/a" também é usado, em certos contextos, para se referir ao grau de escolaridade de uma pessoa. Portanto, o duplo sentido pode sim existir. Conforme já falamos, o bom senso está atrelado a atitudes e comportamentos no que tange ao que é comum na sociedade atual. Mas é possível que uma pessoa tenha bom senso e não tenha educação acadêmica ou até bons modos, por exemplo.

Neste livro, busquei distinguir as definições de bom senso, uma parte com situações focadas no trabalho, outra com situações do cotidiano, e separei algumas atitudes que, apesar de não serem consideradas indicadoras de bom senso, são gentilezas que podemos ter para construir uma sociedade mais decente e adequada.

Meu convite é para que você leia o livro, reflita sobre suas próprias ações, observe as ações das pessoas que cercam você e se abra para uma discussão saudável com amigos sobre as questões pontuais que escolhi destacar nesta obra.

A ideia do livro nasceu de uma necessidade. Todas as situações nele apresentadas aconteceram comigo e, no último ano, com mais intensidade. Fiquei profundamente incomodada com a atitude de pessoas que, a meu ver, eram "sem noção". Depois, percebi a importância de falarmos o óbvio, de voltarmos a cultivar a educação, os bons modos, a etiqueta e as regras para a boa convivência.

Bom senso também se confunde com o senso comum, que está atrelado à época que vivemos. Isso significa que o senso comum vai mudando à medida que a sociedade vai crescendo, aprendendo com erros e avançando no comportamento. Comum é o que a grande maioria faz. Normal, como a própria palavra significa, é aquilo que obedece a norma vigente, é algo tido como natural.

Mas nem tudo que é comum é normal. Durante a Inquisição, era comum queimar, em praça pública, mulheres que expressavam seu pensamento: eram tidas como bruxas. Isso podia ser comum, mas jamais considerado normal. No século XVI, era "comum" escravizar um ser humano, mas o ato nunca foi natural. No ano de 2022, quando escrevo este livro, a corrupção é comum no Brasil – mas não podemos considerá-la normal. Há coisas com as quais não podemos nos acostumar.

Criei uma figura para exemplificar melhor o que é ética, o que é moral, o que é bom senso, o que é senso comum, o que é educação em casa e o que é educação acadêmica:

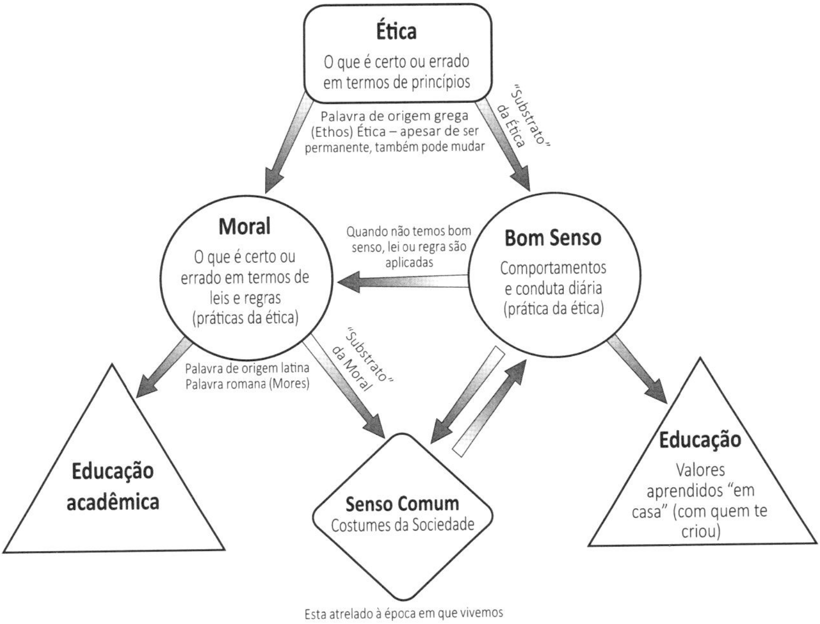

O que é ética? O que é moral?

Perguntaram a Krishna: "Como posso saber que uma conduta é correta?" E ele respondeu: "Por suas consequências ".

A ética não se confunde com a moral. A moral é a regulação dos valores e comportamentos considerados legítimos por uma determinada sociedade, um povo, uma religião, uma certa tradição cultural etc. Há morais específicas, também, em grupos sociais mais restritos: uma instituição, um partido político.

Há, portanto, muitas e diversas morais. Isso significa dizer que uma moral é um fenômeno social particular, que não tem compromisso com a universalidade, isto é, com o que é válido e de direito para todos os homens – exceto quando atacada: justifica-se se dizendo universal, supostamente válida para todos.

Mas, então, todas e quaisquer normas morais são legítimas? Não deveria existir alguma forma de julgamento da validade das morais? Existe, e é isso que chamamos de **ética**. A ética é uma reflexão crítica sobre a moralidade, mas não é puramente teoria. A ética é um conjunto de princípios e disposições voltados para a ação, historicamente produzidos, cujo objetivo é balizar as ações humanas.

A ética existe como uma referência para os seres humanos em sociedade, de tal modo que a sociedade possa se tornar cada vez mais humana. A ética pode e deve ser incorporada pelos indivíduos, sob a forma de uma atitude, diante da vida cotidiana, capaz de julgar criticamente os apelos a críticos da moral vigente.

Tanto quanto a moral, porém, a ética não é um conjunto de verdades fixas, imutáveis. A ética se move, historicamente, se amplia e se adensa. Para entendermos como isso acontece na história da humanidade, basta lembrarmos novamente que, um dia, a escravidão foi considerada normal, natural.

Entre a moral e a ética há uma tensão permanente: a ação moral busca uma compreensão e uma justificação crítica universal, e a ética, por sua vez, exerce uma permanente vigilância crítica sobre a moral, para reforçá-la ou transformá-la.

A ética ilumina a consciência humana, sustenta e dirige as ações do homem, norteando a conduta individual e social. É um produto histórico e cultural e, como tal, define o que é virtude, o que é bom ou mau, certo ou errado, permitido ou proibido, para cada cultura e sociedade.

Dessa maneira, a ética é universal; estabelece um código de condutas morais válidos para todos os membros de uma determinada sociedade e, ao mesmo tempo, tal código é relativo ao contexto sociopolítico, econômico e cultural em que vivem os sujeitos éticos e realizam suas ações morais.

Existem várias formas de diferenciação entre ética e moral:

1. Ética é princípio; moral são aspectos de condutas específicas.
2. Ética é permanente; moral é temporal.
3. Ética é universal; moral é cultural.
4. Ética é regra; moral é conduta da regra.
5. Ética é teoria; moral é prática.

Por que a ética é necessária e importante?

A ética tem sido o principal regulador do desenvolvimento histórico-cultural da humanidade. Sem ética, ou seja, sem a referência a princípios humanitários fundamentais comuns a todos os povos, nações, religiões etc., a humanidade já teria se autodestruído. Também é verdade que a ética não garante o progresso moral da humanidade. O fato de os seres humanos serem capazes de concordar minimamente entre si, sobre princípios como justiça, igualdade de direitos, dignidade da pessoa humana, cidadania plena, solidariedade etc., cria chances para que esses princípios possam ser postos em prática, mas não garante seu cumprimento.

As nações do mundo já entraram em acordo quanto a muitos desses princípios. A Declaração Universal dos Direitos

Humanos, pela Organização das Nações Unidas (ONU), de 1948, é uma demonstração do quanto a ética é necessária e importante. A ética, porém, não basta como teoria, nem como um apanhado de princípios gerais acordados pelas nações, povos, religiões etc.

Também não basta que as Constituições dos países reproduzam esses princípios (como a Constituição o fez, em 1988). É preciso que cada cidadão e cada cidadã incorpore esses princípios como uma atitude prática diante da vida cotidiana, de modo a pautar por eles seu comportamento. Isso traz uma consequência inevitável: frequentemente, o exercício pleno da cidadania (ética) entra em colisão frontal com a moral vigente, até porque a moral vigente, sob pressão dos interesses econômicos e de mercado, está sujeita a frequentes e graves degenerações.

Por que se fala tanto em ética hoje no Brasil?

Temos motivos de sobra para nos preocuparmos com a ética no Brasil. O fato é que, em nosso país, assistimos a uma degradação moral acelerada, principalmente na política. Ou será que essa baixeza moral sempre existiu? Será que hoje ela apenas está vindo a público? Uma ou outra razão, ou ambas combinadas, são motivos suficientes para uma reação ética dos brasileiros conscientes de sua cidadania.

O tipo de desenvolvimento econômico do Brasil tem gerado estrutural e sistematicamente situações práticas contrárias aos princípios éticos: gera desigualdades crescentes e injustiças, rompe laços de solidariedade, reduz ou extingue direitos, lança populações inteiras a condições de vida cada vez mais indignas. E tudo isso convive com situações escandalosas, como o enriquecimento ilícito de alguns, a impunidade de outros, a propagação da hipocrisia política de muitos etc. Afinal, a hipocrisia será de todos se todos não reagirem eticamente para fazer valer plenamente os direitos civis, políticos e sociais proclamados pela Constituição.

Ética e bom senso

Bom senso seria o "substrato" da ética. Falar de bom senso é falar sobre convivência humana. São os problemas da convivência humana que geram o problema da ética. Há necessidade de ética porque os seres humanos não vivem isolados, e os seres humanos convivem não por escolha, mas por sua constituição vital. Há necessidade de ética porque há o outro ser humano. O outro, porém, para a ética, não é apenas o outro imediato, próximo, com quem convivo, ou com quem casualmente me deparo. O outro está presente também no futuro (temporalidade) e está presente em qualquer lugar, mesmo que distante (espacialidade). O princípio fundamental que constitui a ética é este: o outro é um sujeito de direitos e sua vida deve ser digna tanto quanto a minha deve ser.

O fundamento dos direitos e da dignidade do outro é sua própria vida e sua liberdade (possibilidade) de viver plenamente. As obrigações éticas da convivência humana devem se pautar não apenas por aquilo que já temos, já realizamos, já somos, mas também por tudo aquilo que poderemos vir a ter, a realizar, a ser. Nossas possibilidades de ser são parte de nossos direitos e de nossos deveres. São partes da ética da convivência. A atitude ética é uma atitude de amor pela humanidade.

Ética e educação

A educação é a socialização das novas gerações de uma sociedade e, como tal, conserva os valores dominantes (a moral) naquela sociedade. A educação é também uma possibilidade e um impulso à transformação: desenvolvimento das potencialidades dos educandos.

Toda educação é uma ação interativa: faz-se mediante informações, comunicação, diálogo entre seres humanos. Em toda educação há um outro em relação ao qual se trata. Em toda educação, por tudo isso, a ética está implicada. Uma educação pode ser eficiente como processo formativo e, ao mesmo tempo, eticamente má, como foi a educação nazista.

Pode ser boa do ponto de vista da moral vigente e má do ponto de vista ético. A educação ética (ou a ética na educação) acontece quando os valores no conteúdo e no exercício do ato de educar são valores humanos e humanizadores: a igualdade cívica, a justiça, a dignidade da pessoa, a democracia, a solidariedade, o desenvolvimento integral de cada um e de todos.

É intenção desta obra trazer luz e clareza para relembrar o que todos nós já sabemos, porém nos esquecemos de praticar no dia a dia, seja no trabalho, na família ou na sociedade. Como pesquisadora, fui buscar embasamento na literatura, nas teses e pesquisas mais relevantes sobre o tema. Ainda temos poucas publicações atreladas especificamente ao conceito de bom senso, e para trazer conceitos mais científicos tive que expandir essa curadoria nas literaturas relacionadas à ética e à moral. Ao final, indiquei a bibliografia mais relevante ao bom senso, essa temática tão valiosa e necessária.

2. Afinal, o óbvio precisa ser dito?

"Óbvio" significa algo que é evidente. O óbvio, é importante dizer, é algo que quase sempre escutamos ou falamos. Considerando que o óbvio é algo claro em nossa mente em virtude de todo o histórico de vivência e exposições que tivemos ao longo da vida, a resposta com certeza é: sim, o óbvio sempre precisa ser dito.

Afinal, o outro não tem nenhuma obrigação de entender pelo que estamos passando, o que sentimos, o que esperamos, quais expectativas criamos, se estamos chateados com algo ou não. Ou seja, é claro: devemos nos expressar.

A seguir, vamos relembrar o óbvio – às vezes nem tão óbvio assim – sobre várias situações reais que vivenciei ou que me foram relatadas em minhas sessões de trabalho, com o intuito de trazer, para a sociedade, mais harmonia nas relações nas empresas, na vida cotidiana e no âmbito familiar.

Mais uma vez, meu intuito não é ditar regras, jamais teria essa pretensão. Meu objetivo é proporcionar um direcionamento mais gentil e amigável para que consigamos viver numa sociedade mais harmoniosa e, assim, tenhamos saúde mental e energia para lidar com problemas mais profundos em nossa cultura.

3. A generalização é inimiga da clareza e destrói a singularidade e o bom senso

"Generalização" quer dizer a extensão ou a propagação de algo, positivo ou negativo. Ao generalizar, atribuímos a um grupo formado por integrantes que pertencem ao mesmo gênero algo que já sabemos de alguns de seus indivíduos, e nos abstraímos de analisar detalhes ou as típicas exceções do caso.

O intuito deste livro não é generalizar nada! Cada caso é um caso. A generalização pode ser mais perigosa e danosa do que o preconceito, porque o preconceito pode ser mudado com conhecimento; a generalização, não. A generalização leva a crenças absolutas.

É preciso ter discernimento para ler os capítulos deste livro, bem como para acatar ou não minhas sugestões sobre bom senso. Não tenho intenção de estar certa, muito menos de criar regras para as pessoas no trabalho... Quem sou eu para tanto? Meu intuito é gerar debate expansivo de mentes inteligentes, é promover discussão saudável, provocar o *status quo* e, quem sabe, mudar atitudes enraizadas para o bem, com intuito de aprender, crescer e avançar como sociedade decente que vejo e acredito que somos.

Discernimento é a prudência que freia os impulsos da alma e do coração. Estamos cheios de boa vontade, mas só ter boa vontade não basta, é preciso ter discernimento. Quanto mais nós aplicarmos nosso discernimento, mais prudência teremos naquilo que realizamos.

Realmente, o discernimento é uma característica necessária para o cotidiano profissional. O desenvolvimento de ações que estimulam o discernimento é um bom caminho para os profissionais que estão buscando o equilíbrio entre produtividade, qualidade e ética.

Não ter discernimento em âmbito profissional dificulta o processo de tomada de decisões assertivas, anula a discriminação do que é ético e do que não é e ainda pode diminuir a capacidade de avaliar situações e pessoas de forma justa e empática.

Acredito que todos nós temos discernimento, ou seja, temos a capacidade de avaliar ou julgar. Apesar de trazer a definição oficial para você, muitas pessoas usam o termo associado ao fato de ser criterioso no dia a dia. Justamente por ser comum, é possível que algumas pessoas não levem a essência do discernimento muito a sério, tanto no mundo profissional quanto pessoal.

O fato de você ter agido de maneira que não condiz com o senso comum não faz de você uma pessoa horrorosa. Só indica que está aprendendo e evoluindo com a questão e, nesse caso, escolheu agir de forma diferente em uma próxima oportunidade.

"Qualquer pessoa que olhar para seu passado e não se envergonhar não está aprendendo o suficiente" (Alain de Botton).

Por essa razão escolhi os temas mais polêmicos de situações do cotidiano profissional e da vida social e apresento sugestões de como agir para provocar debate entre os leitores.

Parte II

Situações no trabalho

4. Cuidado com o que ouve nos primeiros noventa dias no trabalho

Um colaborador chega para trabalhar em uma nova empresa da mesma forma que um peixe sai do aquário da loja de *pets* e vai até outro aquário, em sua nova casa. Essa analogia é só para mostrar que, em pouco tempo, um novo colaborador é colocado em um ambiente totalmente diferente, sem conhecer nada nem ninguém.

Os primeiros noventa dias são sua melhor oportunidade para conquistar o respeito e a confiança das pessoas que trabalham com você. As pessoas não se importam com o que você sabe até que elas saibam que você se importa.

Enquanto o funcionário novo está sendo acompanhado por um veterano, para aprender um serviço na empresa, é comum que ouça observações sobre as outras pessoas do departamento.

Sempre com intuito de "ajudar" o novato a se proteger, o veterano o inunda de informações, tanto positivas quanto negativas, a respeito dos outros. É mais comum o veterano destilar, para o novato, veneno sobre uma *persona non grata* do que dizer coisas boas.

Quantas vezes você já se pegou tendo um "pé atrás" em relação a alguém na empresa e, depois de algum tempo, conhecendo melhor a pessoa, percebe que não havia motivo para sua reserva? Pois bem, se isso já aconteceu, você provavelmente se deixou influenciar pelas percepções alheias dos primeiros noventa dias, o que pode lhe prejudicar na empresa! Afinal, quem está trabalhando de verdade não tem tempo para fazer fofoca pelos corredores da empresa.

Dicas de bom senso

- Ao chegar numa empresa nova, seja um grande observador. Ouça mais e fale menos. Demonstre interesse pelo negócio, pelos clientes, pelas pessoas e hábitos daquele lugar.
- Evite julgar o que vê e percebe. Deixe sua mente curiosa livre para saber mais como as coisas funcionam naquele lugar. Precisamos primeiro jogar com as regras atuais para depois sugerirmos qualquer mudança.
- Se o novato tentar mudar as coisas logo de cara, não será aceito pelo grupo. Pode ter sido contratado para trazer algo novo, mas como isso será possível se nem conhece o antigo? Seja inteligente nas relações, observe primeiro, aprenda a forma atual e depois proponha mudanças.
- Se você é veterano na empresa e tem que receber um novato para ensinar ou repassar alguma tarefa, faça isso com cordialidade e profissionalismo. Demonstre interesse pelo histórico profissional do novato e busque

fazer uma nova aliança. Não há necessidade de expressar sua opinião sobre colegas de trabalho. Deixe que cada pessoa forme sua própria opinião sobre os outros na empresa. Cuide de sua imagem profissional.

5. O *networking* pressupõe auxílio profissional, e não *delivery express* de vagas!

Boa parte das contratações hoje em dia é feita por meio de indicações. Embora o tema *networking* seja abordado em vários contextos diferentes, todos sabem que construir e manter uma rede de relacionamentos é a chave para encontrar o emprego dos sonhos e, por tabela, construir uma carreira bem-sucedida.

Não seria razoável, portanto, cuidar do assunto com um enfoque mais assertivo?

A premissa básica do *networking* é a de uma relação puramente profissional, que não tem nada que ver com amizade. O ditado "amigos, amigos – negócios à parte" é verdadeiro na prática do *networking*; afinal, amigos não cobram favores, ao passo que integrantes de rede de contatos dependem disso.

Observa-se, em alguns profissionais, que essa troca de "gentilezas corporativas" está sendo mal interpretada. É importante ressaltar que a prática do *networking* obedece a regras gerais que não estão escritas em nenhum manual, mas que permeiam as entrelinhas desse jogo corporativo – a regra de não abusar da boa vontade das pessoas. Mais uma vez, percebe-se a falta de bom senso!

O despreparo e o oportunismo arranham sua reputação no mercado. Sua reputação é seu ativo mais valioso, seja no campo profissional, seja no pessoal; portanto, faça o *networking* de maneira ética e prudente.

Reputação é o conceito que os outros têm de você. Ela nasce com a primeira impressão e cresce à medida que as pessoas o conhecem melhor – se você é eficaz, se é sincero, se trabalha bem em equipe e assim por diante. A confiabilidade é decorrente de seu comportamento: agir de maneira inconsciente ou imprevisível pode acabar com sua reputação.

Dicas de bom senso

• Não peça algo já no primeiro contato: "Sr. Pereira, sou amigo do Silva, que trabalhou com o senhor há uns 15 anos, lembra? Fiquei sabendo de uma vaga aí na empresa e estou precisando de um favorzinho seu...".

• É difícil telefonar para quem não conhecemos; por isso, às vezes é tentador usar pequenos subterfúgios para obter acesso. Tenha cuidado. Se você se aproximar de alguém por meios ilícitos, acabará sendo descoberto. Não corra esse risco. Só use o nome de outra pessoa se ela lhe der permissão para fazê-lo. Mas não há problema em dizer algo como "Encontrei *Fulano* numa feira de negócios e ele mencionou seu nome. Talvez ele não se lembre de mim, porque conheceu muita gente lá".

• Não tente fazer que seu interlocutor acredite que a pessoa que ambos conhecem o recomenda. Se for o caso, uma carta ou e-mail de apresentação são mais apropriados. Respeite os limites de seus relacionamentos e nunca exagere sobre o grau de intimidade que você tem com alguém.

• A maioria das pessoas só se dedica a fazer *networking* quando precisa de algo – uma informação comercial, um financiamento para expandir o negócio, uma contribuição para uma instituição social ou, é claro, um emprego! O *networking* pressupõe auxílio profissional, e não *delivery express* de vagas! Muitos profissionais mencionam a questão do emprego logo no início do contato, o que faz com que o interlocutor se sinta cobrado e, muitas vezes, responsável por oferecer ou encontrar uma oportunidade para o outro.

• No cotidiano, estamos cercados de profissionais que só acionam sua rede de contatos quando ficam desempregados. Não é assim que se faz *networking*. O processo é cíclico: deve-se começar aos poucos, dar e receber, depois usar o próprio crescimento para expandir seus contatos à medida que for tendo sucesso. Acionar sua rede de contatos não pode gerar constrangimento. Pressupõe atender a seus interesses, é claro, mas também ajudar os outros a satisfazer os deles. Reputação e confiança são essenciais para consolidar esse tipo de relacionamento, que beneficia ambos os lados, embora nem sempre a troca seja justa.

• Manter os contatos e cultivar relacionamentos implica cumprir várias tarefas. A principal mensagem que esse tipo de comportamento envia é a de que você está interessado em desenvolver uma relação benéfica para ambos os lados. Trate, portanto, de causar a melhor primeira impressão que puder, mostre que se importa com os outros e trabalhe para construir uma boa imagem. Assim, todo mundo vai querer entrar em sua rede.

- Lembre-se: fazer *networking* é construir relacionamentos antes de precisar deles. Quando surgir a necessidade, eles estarão lá, a postos, dispostos a ajudar. É ideal que da primeira à última conversa do dia você esteja o tempo todo praticando e desenvolvendo continuamente suas habilidades como *networker*.

Ficar desempregado é difícil para qualquer pessoa. No entanto, a pressa e a ansiedade para encontrar um novo posto pode colocar em risco seu sucesso profissional. Quando você mantém uma boa rede de relacionamentos, automaticamente fica exposto na vitrine e o emprego certo surge sem nenhuma dificuldade.

O fato é que, na vida, estamos todos no mesmo barco e tudo o que se consegue é com a ajuda das pessoas. É inteligente, portanto, se empenhar na construção de relacionamentos benéficos. Todo mundo tem uma boa razão para participar – *networking* se faz em casa, na família, no trabalho, na comunidade, em toda parte.

Se você está fazendo *networking*, continue. Se não está, comece imediatamente. Para receber, é preciso dar. A vida tem suas estações, assim como você! Tenha paciência, seja prudente e mantenha o foco na qualidade e não na quantidade de seus relacionamentos. Não espere o melhor emprego para começar a trabalhar. Não espere elogios para começar a acreditar em você. Todos nascemos com potencial para o sucesso! Basta agir com disciplina em direção à vitória!

Não vivemos em um mundo perfeito. Podemos gastar nosso tempo lutando contra nossa cultura ou aceitar a realidade e investir em ser o melhor possível, por dentro e por fora. Faça sempre a coisa certa; se precisar perguntar a si mesmo se determinada coisa é certa ou errada, a resposta já está dada.

É isso. O bom profissional faz a diferença e brilha não porque está sendo observado pelos outros, mas porque se observa o tempo todo. O *networking* estratégico nos prepara para os acasos felizes. Quanto mais nos sentirmos confiantes com nossa boa imagem e reputação, maior será nossa predisposição para encontros casuais e para a possibilidade de convertê-los em relacionamentos vantajosos.

A verdade é que, no fim do dia, nós caímos em três redes: inteligentes, não inteligentes e más notícias. Em qual rede você escolhe cair?

6. WhatsApp e os abusos corporativos

O WhatsApp é um dos aplicativos mais populares no Brasil. Na empresa, é natural que você e seus colegas de trabalho usem essa ferramenta gratuita para agilizar ainda mais a comunicação entre todos, porém isso não justifica atitudes abusivas de alguns usuários.

Confesso que adoro o WhatsApp pela rapidez e proximidade com que me conecta com as pessoas; por isso, uso bastante esse aplicativo e até hoje não tinha percebido que também estava abusando da ferramenta. Eu tinha o hábito de enviar mensagens, tanto de texto quanto de voz, a meus amigos, colegas de trabalho e até clientes, independentemente da hora, sem perceber que poderia estar invadindo o espaço deles.

Dicas de bom senso

- Não espere que seu colega responda imediatamente sua mensagem sobre trabalho após expediente. As pessoas têm vida fora da empresa – ou pelo menos deveriam ter... Procure se ajustar ao horário comercial.
- Se um colega de trabalho estiver de férias ou de folga, ou se for no final de semana, evite enviar mensagem com perguntas que nem sempre são urgentes e não precisariam ser feitas fora do horário de trabalho. Pense bem: se realmente fosse urgente, você com certeza faria uma ligação. Não incomode quem não precisa ser incomodado!
- Ao perceber que a pessoa está *online* no WhatsApp, não envie mensagens cobrando uma resposta ou uma posição, como: "Cadê você?", "Não vai responder?", "Por que não me respondeu ainda?", "O que está fazendo acordado a essa hora?". Essas são atitudes invasivas e podem gerar conflitos.
- Se você tem o WhatsApp de seu chefe, também não deve enviar mensagens perguntando sobre aumen-

tos salariais, oportunidades na empresa e decisões estratégicas.

- Nos grupos da empresa, limite-se a tratar de assuntos profissionais. Não envie mensagens de "bom dia" ou motivacionais, muito menos indiretas. Você com certeza tem outros grupos para fazer isso.
- Cuidado com áudios longos! O ideal é que, antes de enviar qualquer áudio em um grupo, você envie uma mensagem determinando o assunto e o destinatário. Assim, você minimiza o nível de ansiedade das pessoas para ouvir e atender – principalmente se você for o chefe.

Você não pode ser responsável pelo bom senso dos outros na hora de enviar mensagens, mas pode controlar como reage a esse excesso de comunicações.

Sempre temos opção. Quando alguém liga no celular, podemos atender a ligação ou não. Quando alguém envia SMS ou mensagens pelo WhatsApp, o mesmo se dá: podemos responder imediatamente ou não.

Sabe-se que a linha divisória entre trabalho e vida pessoal está cada vez mais tênue, então você é o único responsável por definir seus limites.

Uma atitude que funciona para quem recebe muitas mensagens fora do horário de trabalho é a seguinte: simplesmente desligue o celular! Simples assim! O mundo não vai acabar se você ficar desconectado por algumas horas – e, acredite, sua empresa vai continuar apesar de você estar *offline*.

7. Uso correto da ligação telefônica

Tenho certeza de que, em algum momento da vida, você já teve que lidar com uma pessoa que liga nos momentos mais inadequados. Não gosto muito de falar ao telefone, mas é necessário e por isso procuro ser assertiva e direta em minha comunicação.

Com tantos meios de comunicação disponíveis, atualmente só se telefona quando o assunto é realmente urgente. Se você recebe uma ligação à noite ou no meio da madrugada, por exemplo, tenho certeza de que seu primeiro pensamento nunca é bom, não é mesmo? Hoje em dia, ligações telefônicas só são utilizadas para assuntos importantes ou que precisem de resposta imediata. Para bater papo, utilizamos outros canais, como os grupos do WhatsApp.

As ligações telefônicas são uma ferramenta importante, mas será que sabemos como utilizá-las corretamente?

Dicas de bom senso

- Ao fazer ligações telefônicas, muitas pessoas acabam ultrapassando os limites: "Oi, *Fulano*, tudo bem? Estou ligando para falar sobre projeto x etc." e falam sem parar sem nem sequer perguntar para o interlocutor se está disponível para conversar no momento.
- Numa ligação telefônica, comece dizendo seu nome e qual empresa representa, e pergunte logo se a pessoa pode falar naquele momento. Informe o assunto e o tempo que calcula que será necessário, e também se a ligação é urgente ou não: "Olá, *Fulana*, tudo bem? Aqui

é a Daniela, da empresa de treinamentos. Você pode falar agora sobre as datas de nossos treinamentos? Vou precisar de dois minutos de sua atenção, mas não precisa ser agora, podemos falar mais tarde se for melhor para você". Só prossiga se o interlocutor autorizar.

• Esteja aberto para receber uma negativa da pessoa; nesse caso, pergunte se pode fazer contato por outro canal, como WhatsApp, para resolver sua demanda.

• Se você estiver do outro lado da chamada, não atenda o celular no cinema. Seus vizinhos de poltrona não querem ter sua diversão interrompida com sua falta de limites...

• As pessoas parecem esquecer que restaurantes, ônibus, shoppings e similares são ambientes públicos, e ninguém precisa saber do que acontece na sua vida. É importante tomar cuidado, pois dividimos o ambiente com outras pessoas, que podem não gostar desse tipo de comportamento. Agir discretamente é sempre a melhor solução para não haver aborrecimentos de nenhuma parte. Seja discreto!

8. Uso exagerado do celular no trabalho

O celular já faz parte da rotina de todo mundo – você conhece alguém que não tem um? Mesmo com a popularização desse meio de comunicação, muitas pessoas ainda não o utilizam corretamente, ou utilizam os celulares com frequência exagerada, mesmo no ambiente de trabalho.

As pessoas têm costumes e opiniões diferentes. Mas, quando tratamos do ambiente profissional, é importante lembrar que existem regras de convívio básicas que devem ser seguidas e respeitadas por todos, para que não haja conflitos e o clima se mantenha saudável.

Se você chegou agora na empresa ou apenas quer evitar problemas com seus colegas de trabalho ou até mesmo com seu chefe, há algumas regras imprescindíveis para manter tudo em ordem, principalmente no que diz respeito ao uso do celular no ambiente profissional.

Dicas de bom senso

- Diga seu nome ao atender o telefone. Ao atender o celular, utilize uma saudação apropriada e anuncie seu nome todo. Usar só seu primeiro nome pode soar informal demais para qualquer ligação profissional e usar só o sobrenome pode ser muito abrupto. O melhor é aqui é "Daniela do Lago" ou "aqui é Daniela do Lago falando".
- Tenha consciência do volume de sua voz. Algumas pessoas não têm noção de como falam alto, especialmente quando sua atenção está focada na pessoa do outro lado da linha. Uma dica muito simples é: se as pessoas ao seu redor começaram a olhar para você, sim, você está falando alto.
- Por mais que hoje em dia o celular seja considerado um item básico, alguns empregadores podem limitar ou até mesmo proibir o uso do aparelho no trabalho. Por

isso, antes de tudo, fique de olho no regimento interno da empresa e, caso o uso realmente seja restrito, não tente dar uma "escapadinha" e burlar a regra, pois isso pode lhe prejudicar seriamente.

• Não atenda o celular alheio sem permissão. Sabe aquele toque insistente e alto do celular do colega de trabalho? Então, não se pode negar que é incômodo mesmo. Porém, por mais que às vezes atrapalhe, se o telefone não for seu não atenda a chamada nem desligue o aparelho, mesmo que você seja muito próximo do dono do celular. Por mais que a intenção seja boa, a atitude é desaconselhável. Só faça isso se o dono do aparelho pedir. Respeitar esses limites ajuda muito a preservar sua boa imagem.

• Para evitar problemas, não se esqueça da regra básica de convivência nesse aspecto: deixe o celular no modo vibratório, assim você não incomoda ninguém. E se você costuma trabalhar ouvindo música, use fones de ouvido e controle o volume, pois, além de não estar atento caso alguém chame você, o som alto pode atrapalhar os colegas.

• E o viva-voz? É um recurso muito útil quando não podemos ficar segurando o celular ou se queremos compartilhar a conversa com outras pessoas, mas deve ser usado com muita moderação, principalmente no ambiente de trabalho. Se você não puder mesmo segurar o celular, use um fone de ouvido, que, além de proporcionar maior conforto para ouvir o que está sendo dito, também não atrapalha seus colegas de trabalho. Se, contudo, uma reunião por telefone foi marcada e você e mais algumas pessoas precisam acompanhar o que será discutido, reserve uma sala para que todos participem sem atrapalhar os colegas que não farão parte da reunião. Quando isso não for possível, avise aos companheiros que haverá uma conferência por meio do viva-voz. Lembre-se de controlar o volume da voz e de avisar à pessoa do outro lado da linha que ela está no viva-voz.

• Reuniões de trabalho são cruciais para decidir o futuro da empresa e suas atividades, e por isso é importante focar nos assuntos debatidos e deixar o celular de lado por alguns momentos. Claro que imprevistos acontecem e às vezes é necessário entrar em contato com a pessoa imediatamente, porém não é adequado focar no celular e esquecer os demais assuntos.

• Se você receber uma ligação ou mensagem urgente durante a reunião e realmente precisar atender, peça licença aos colegas, explique que vai precisar se ausentar por alguns minutos e atenda o celular em um local adequado.

• Durante as reuniões, o ideal é esquecer completamente o celular e tentar ficar *offline*. Se você espera uma ligação importante e não pode remarcar a reunião, comunique à pessoa que vai ligar para você sobre a situação antes do início da reunião.

• Por mais que você se sinta à vontade para dar aquela checada rápida no celular, evite fazer isso durante a reunião – afinal, você precisa dedicar atenção à reunião da qual está participando. Se for muito importante, deixe para verificar o celular nos intervalos da reunião.

• Escolha um toque de chamada discreto. Você realmente quer que seus colegas ouçam o último *hit* do Tiktok enquanto tenta silenciar o aparelho? Com certeza, não. Você precisa considerar que tons musicais escolher e considerar como as outras pessoas podem reagir a eles.

9. Pontualidade vale ouro: problemas com a cultura brasileira

A falta de pontualidade pode dificultar a vida profissional e restringir possibilidades de carreira e sucesso nas organizações. Os brasileiros são constantemente apontados como impontuais, mas isso não pode ser uma regra.

Pontualidade é uma competência fundamental no mundo corporativo, uma vez que os funcionários representam não somente a si próprios, mas também a empresa em que trabalham.

Pode-se considerar a pontualidade como forma de mostrar respeito e consideração com o outro. Se você costuma se atrasar, não só para compromissos, mas nos prazos que costuma combinar, é sinal de que alguma coisa está errada e que seu planejamento não está adequado.

Desculpas como "O trânsito está horrível", "A reunião

anterior atrasou" ou ainda "O computador deu problema" já não convencem mais ninguém e não são bem-vistas. Afinal, é preciso considerar imprevistos, e trabalhar com uma margem segura de tempo é importante tanto em relação a compromissos quanto a metas. Alguns "minutinhos" de atraso podem colocar muito a perder.

A impontualidade causa um desgaste da imagem, e muitas vezes isso é agravado pela perda do propósito do próprio compromisso. Portanto, se o atraso ou o não comparecimento for inevitável, é importante justificar a tempo, antes que o interlocutor forme uma opinião negativa a seu respeito. Afinal, ser pontual é respeitar não só o seu próprio tempo, mas também o do outro.

Todo e qualquer atraso gera desconforto e irritação em quem espera, principalmente quando é frequente. Pode provocar consequências desagradáveis, além de desconfiança e falta de credibilidade. Por melhor que seja o profissional, o atraso contumaz pode prejudicar sua ascensão profissional e ofuscar o brilho de seus resultados na empresa.

Dicas de bom senso

• Pontualidade social: no Brasil, se alguém convida para uma festa que começa às 21h, você não precisa estar lá a essa hora impreterivelmente, pois, a menos que você seja o convidado principal, sua presença não é indispensável para o desenrolar do evento.

• Pontualidade em entrevistas de emprego: tanto o entrevistador quanto o entrevistado devem manter cumprir o horário estabelecido: é indispensável. Se o entrevistado se atrasar, pode perder a oportunidade. Se não houver como evitar, o certo é telefonar para a empresa o quanto antes, explicando o motivo do atraso, mesmo sem entrar em detalhes. Depois, pessoalmente, peça desculpas e justifique o ocorrido sucintamente.

• Para o entrevistador, vale o mesmo: se agendou horário com alguém, esteja disponível pelo menos 10 minutos antes e se prepare para a entrevista. Os candidatos já estão normalmente ansiosos para a entrevista de trabalho, e muitas vezes ficam esperando horas para serem atendidos, o que não é nada agradável.

• Pontualidade do chefe: os líderes devem manter sempre a pontualidade, para que os colaboradores possam se espelhar em seu exemplo. O chefe, muitas vezes, não percebe ou não nota quando um funcionário chega antes do horário na empresa, mas um atraso não costuma passar desapercebido.

• Pontualidade na empresa: você é responsável por realizar um trabalho em um certo período, convém administrar o tempo, sabendo quais são as urgências e as prioridades para agilizar ou encaminhar o serviço da forma mais rápida possível – e atrasos não ajudam a cumprir as metas.

• É importante ficar atento e respeitar os horários de entrada, de almoço e de saída da empresa, agindo de forma consciente e honesta, para que nenhuma das partes se sinta prejudicada.

Ser pontual com a empresa é uma questão de responsabilidade e profissionalismo. Cabe a cada funcionário agir corretamente, tendo plena consciência de seus atos, deveres e horários a serem cumpridos.

Pontualidade vale ouro – e, no ambiente profissional, ainda mais!

10. Fazer parte da "panelinha" é importante para ser promovido na empresa?

Você já se sentiu preterido em uma promoção na empresa? Aquela vaga especial tinha tudo para ser sua, mas na "hora H" o escolhido foi outra pessoa que nem tinha as competências necessárias para o cargo, mas fazia parte da "panelinha" do chefe?

É fato que, na escalada para o topo da pirâmide da empresa, há profissionais extrapolando nos relacionamentos e se especializando na formação de "panelas corporativas" de todos os tipos, com capacidade para "cozinhar" alianças que apoiarão seus propósitos e até "fritar" quem estiver atrapalhando o caminho.

É importante ressaltar que, à medida que se sobe na hierarquia da empresa, menos as habilidades técnicas se fazem valer e mais as comportamentais ditam as regras do jogo corporativo. Relacionar-se bem é crucial para seu sucesso na escalada profissional.

Este capítulo é destinado à maioria dos trabalhadores que não ocupam altos cargos na empresa, àqueles que carregam o piano e ralam muito para atingir os resultados que lhes são propostos e ficam se perguntando: "Será que posso crescer na empresa sem fazer parte da panelinha?". A resposta é: depende da empresa em que você está trabalhando!

As empresas são diferentes, e assim como existem empresas que escolhem suas promoções com base na meritocracia e em resultados, existem aquelas que escolhem pautadas nos "queridinhos da panela".

Como saber se, em minha empresa, a "panelinha" é importante?

Uma dica importante é checar se, em sua empresa, existe alguma avaliação por desempenho, qualquer ferramenta que comprove seus resultados. Se não existe nenhuma ferramenta para aferir seu desempenho, então saiba que, em sua empresa, prevalecem nas decisões as competências interpessoais, como capacidade de trabalhar em equipe, de influenciar, negociar, ouvir, usar tato e empatia, bem como as competências intrapessoais, como o controle emocional, a capacidade de criar e inovar, o respeito a regras, que são alguns dos critérios para conseguir subir na hierarquia da empresa.

Nesse caso, fica complicado conseguir qualquer promoção na empresa com base nos resultados alcançados, pois não apenas as competências técnicas e funcionais relacionadas aos negócios são importantes.

Sou favorável à meritocracia: comprovando-se os resultados, as promoções ficam transparentes. Em um país como o Brasil, porém, em que as relações muitas vezes são mais importantes que a própria competência, nem sempre quem trabalha mais ou melhor será recompensado; então, para ser promovido, você terá que desenvolver essas habilidades inter e intrapessoais.

Dicas de bom senso

• Relacionar-se bem é muito importante, mas pautar sua carreira e ascensão profissional somente nos relacionamentos pode ser perigoso, pois seu crescimento não se sustentará em longo prazo.

• Não confunda bom relacionamento com amizade. Relacionar-se bem indica respeitar o próximo, com suas diferenças. Existe uma confusão entre afinidade e amizade. A maioria dos profissionais tem afinidades no trabalho; afinal convivem às vezes mais de 10 horas todos os dias em um mesmo ambiente.

• Saiba que é muito raro construir amizade no trabalho; se você conseguiu, considere-se uma pessoa de sorte! Amamos nossos amigos porque os escolhemos, mas na empresa a maioria das pessoas não escolhe quem irá trabalhar ao seu lado, e é aí que mora essa sutileza vital para o sucesso na empresa. Portanto, é possível se relacionar bem com aquele profissional de quem você não gosta e não teria como amigo, pois o respeito deve prevalecer.

• Não confunda bom relacionamento com puxa-saquismo. O puxa-saco é aquele bajulador clássico no ambiente corporativo: classifica as pessoas por cargos, está sempre pronto a elogiar o chefe, de forma discreta ou escancaradamente, e se aproveita dessa prática para manter a segurança de que precisa para continuar empregado. É o “politiqueiro”, aquele que tende a concordar cegamente, esquecer princípios técnicos, profissionais e até lógicos, visando ficar bem na foto ao lado dos detentores do poder sobre sua carreira. Uma omissão aqui, uma meia-verdade ali, um elogio falso acolá, e de repente essas pessoas acabam construindo suas carreiras com alicerce fraco e frágil.

• Participar dos *happy hours* e churrasquinhos aos finais de semana com colegas do trabalho significa que faço parte da panelinha? Os grupos de pessoas que, por afinidade, desenvolvem relações dentro do ambiente de trabalho que transcendem as paredes corporativas não podem ser confundidos com as "panelinhas".

• O que recomendo é adotar, nesses encontros sociais, uma postura para se manter longe de fofocas, julgamentos e condenações a frituras sem a presença do "réu". Procurar trazer outras perspectivas, baseadas em aspectos técnicos e factuais, é uma boa alternativa para minar a "fritada" alheia.

Resta ainda a expectativa de uma resposta mais clara ao dilema: Posso sobreviver nas organizações sem fazer parte de nenhuma "panela"? Que "panela" escolho para me proteger?

Não há resposta fácil a perguntas tão difíceis. Quem não entra na panela vai para a geladeira e, mais frequentemente, para a frigideira; quem entra até pode conseguir bons resultados a curto prazo, mas difíceis de manter em longo prazo na carreira.

Panelinhas existirão em todos os lugares. Essa é a escolha que cada um de nós deve fazer e, como em todas as demais, ela traz ônus e bônus. Faça uma análise sobre o tipo de empresa em que está trabalhando e quais são as regras do jogo vigentes nela.

O que mantém qualquer profissional por mais tempo no jogo corporativo ainda é a comprovação de bons resultados. O que sempre prevalecerá serão seus princípios éticos, aliados às competências profissionais e à habilidade de relacionamento. Essa junção irá apoiar o crescimento de sua carreira a longo prazo.

11. Socorro! Será que a pessoa tóxica sou eu?

Fui convidada para assistir a um curso sobre Inteligência Emocional, tema sobre o qual ministro aulas há anos. Aceitei o convite e fui como aluna, pois acredito que sempre temos algo a aprender. Enfim, o curso não foi tão bom como eu esperava e sua mensagem final, que é o ponto de partida deste capítulo, de maneira bem superficial foi que, para sermos inteligentes emocionalmente, temos que evitar pessoas "tóxicas"! É isso mesmo?

E quem está buscando viver junto de alguém tóxico? Ninguém! Para não cair na superficialidade divulgada sobre o tema, quero expor outra perspectiva.

A maioria das pessoas sempre acha que a pessoa tóxica é o outro, seja o chefe, algum familiar, alguém de quem não gosta etc. Ouço os grupos de amigos se considerando como "pessoas do bem" (será mesmo?).

Nas empresas por onde passo, em minhas palestras

peço para levantar a mão quem já foi motivo de fofoca. Quase todos já foram vítimas de fofoca, mas nunca encontro o fofoqueiro.

Nas redes sociais chovem indiretas sobre inveja alheia, parece que todos pararam para ficar invejando uns aos outros. Nem vou comentar sobre o comportamento dos "corajosos" virtuais, aqueles *haters* que dedicam sua vida a fazer comentários maldosos com o intuito de machucar e ferir os outros.

Se você se reconheceu em alguma dessas situações, sinto dizer, mas talvez a pessoa tóxica seja você. Por definição, a pessoa tóxica é aquela que tem, no dia a dia, um comportamento negativo e o usa para abusar, controlar e manipular os outros ao redor. É aquela pessoa que tira (ou tenta tirar) você do eixo, seja de valores, seja ético, de pensamento, de trabalho, suas razões e convicções. Portanto, uma pessoa pode ser tóxica para mim e não para você. Pode incomodar a mim e não a você.

Todos nós, em algum momento, encontramos pessoas problemáticas, e muitas vezes permitimos que entrem em nossas vidas fofoqueiros, invejosos, pessoas autoritárias, psicopatas, neuróticos, orgulhosos, agressores verbais, medíocres, enfim, gente tóxica, pessoas equivocadas que julgam o que você fez e o que não fez, disse ou não disse, para nos encher de frustração. Ninguém cresce com isso!

Pessoas tóxicas contaminam os ambientes por onde passam e às vezes nos pegamos repetindo esse comportamento: se alguém nos machuca, nossa tendência é machucar o outro para aliviar nossa própria dor. Mas isso e inútil.

Dicas de bom senso

• Devemos aprender a negociar, a ouvir uma opinião diferente sem que isso implique um embate ou o rompimento de uma relação, seja amorosa, profissional ou de amizade.

• Seja mais gentil com os outros. No momento em que escrevo este livro, estamos vivendo uma pandemia e ninguém está com a saúde mental 100%. Não precisamos de mais críticos e sim de pessoas incentivadoras.

• Convido a todos que estão lendo este livro para que, a partir de hoje, se forem comentar algo nas redes sociais, que sejam palavras de apoio e de incentivo. Se não concordar com algo, simplesmente não comentem. Você também tem a opção de não seguir a pessoa nas redes e de não assistir àquele canal de TV, por exemplo. Simples assim.

• Não estou incentivando ninguém a não fazer questionamentos. Não me refiro a abrir mão de seus direitos e, sim, a considerar que nem tudo merece sua energia, sua atenção plena e seus valiosos argumentos.

• Tenho uma premissa simples que levo para minha vida e que gostaria de compartilhar com vocês: se uma pessoa pede minha opinião, então analisarei a situação e, se puder avaliar, darei minha opinião sincera, estando disposta a expor e explicar minha percepção e até sugerir algo diferente – mas se a pessoa não pediu minha opinião, mesmo que eu discorde de algo não perderei meu tempo discutindo. Nem todo mundo merece saber nossa opinião!

- Mudar é simples, e é uma decisão que está a seu alcance. Não seja rígido demais com as pessoas; ninguém é perfeito, e todos cometemos erros. Por isso, é importante começar a ver esses erros como oportunidades para aprender e seguir em frente.

Vivemos em sociedade, somos seres sociais, diferentes; portanto, precisamos aprender a nos relacionar saudavelmente.

Que saibamos nos conectar com pessoas certas e escolher bem assuntos que merecem ser discutidos, conflitos que valham a pena ser enfrentados e analisados.

Não podemos eliminar todas as pessoas tóxicas, mas você pode pelo menos garantir que não seja uma delas!

12. Importância das viagens de relacionamento no ambiente corporativo

Penso que todo ser humano deve criar o hábito de viajar. Toda viagem nos permite conhecer o mundo de forma diferente e proporciona o enriquecimento de nossa intelectualidade, que se concretiza por meio de contatos com novas pessoas, conhecendo novas paisagens e culturas.

O mundo corporativo reconhece positivamente os profissionais que já tiveram qualquer experiência internacional, seja com intercâmbio, realização de curso de idioma ou até mesmo participação em reuniões de negócios da empresa.

A iniciativa de viajar para outro país ou até mesmo fazer um intercâmbio sinaliza um grande compromisso com a carreira, o que é muito bem visto na trajetória profissional. É fato que a experiência em outra cultura pode ajudar no processo de adaptação caso a pessoa tenha de conviver com profissionais daquela cultura aqui no Brasil ou seja enviado para trabalhar no exterior.

Recomendo que todo profissional tenha pelo menos uma experiência internacional na vida, pois, além do desenvolvimento da língua estrangeira, certamente o currículo ficará muito reforçado.

Dicas de bom senso

- Os funcionários representarão a empresa em outro país, por isso é fundamental que incorporem os valores da empresa, que são, principalmente, o respeito pelos colegas e por funcionários de todos os setores, pontualidade, cordialidade, respeito à cultura do país, entre outros.
- Lembre-se de que está viajando a trabalho; então deve se programar para cumprir os compromissos da empresa. Passeios são permitidos, mas só fora do horário de expediente.
- Suas roupas deverão estar de acordo com o que é considerado adequado na empresa; afinal, você está apenas trabalhando em outro local, mas a corporação é a mesma!
- A falta de organização em uma viagem corporativa in-

ternacional pode causar imprevistos totalmente desnecessários. Por isso é tão importante que a viagem seja organizada com antecedência. Afinal, alguns documentos, por exemplo, não ficam prontos da noite para o dia! Na verdade, levam tempo para serem emitidos e, além disso, o colaborador precisa de tempo para se programar e treinar o idioma, para conhecer os costumes do local de destino...

- A equipe precisa ser orientada com relação ao orçamento disponível para a viagem. A empresa não arca com excessos, como diversão e restaurantes muito caros.

- Estabeleça uma política de viagens, com todas as regras para gastos, além de outros assuntos, que terá de ser cumprida à risca. É fundamental deixar claro o quanto é importante respeitar o orçamento destinado às viagens corporativas internacionais.

- Algumas empresas praticam a gratificação por economia, estabelecendo políticas de recompensa que oferecem prêmios como dias de folga, *vouchers* em compras ou aluguel de produtos e serviços. Pode-se também trabalhar com um limite preestabelecido e deixar o colaborador escolher como se locomover, onde se hospedar e quais restaurantes frequentar. Assim, haverá maior autonomia no controle de gastos.

Viajar é o melhor investimento que um profissional pode fazer em sua carreira, pois o retorno é garantido!

13. Falar de política na empresa

Ao contrário do ditado de que "política não se discute", aprendemos e continuamos a aprender a importância de estarmos inseridos nela. Para começar a discorrer sobre esse tabu, nada melhor do que um pouco de contextualização etimológica. O termo "política" tem origem no grego *politiká*, uma derivação de *polis* , que designa aquilo que é público.

Discutir política é um costume do brasileiro, faz parte de seu dia a dia. Descobrimos, inclusive, que essa discussão é positiva e aperfeiçoa a democracia.

Geralmente, o debate político em uma organização é desmotivado. A justificativa costuma ser a de que "aqui não é lugar pra falar sobre isso".

Por isso, o intuito deste capítulo não é defender que o local de trabalho se transforme em um palanque, mas, como a política é muitas vezes um assunto inevitável e recorrente no dia a dia, o objetivo aqui é recomendar práticas para que ele possa fluir dentro da empresa de maneira apropriada.

Dicas de bom senso

- Saiba o momento certo de falar. No cafezinho ou com o colega que senta ao lado, é normal comentar assuntos do dia a dia, entre eles algum tema referente à política. Até aí tudo bem. Mas procure não transformar qualquer interação sua com colegas em uma discussão política.

- Recomenda-se que o tema seja evitado justamente porque é muito sensível. Não são todas as ocasiões, dentro do ambiente corporativo, em que discutir política é algo positivo. Pense: "Será que aqui é o lugar certo para expor minha opinião? Tem alguém que pensa diferente de mim que pode se sentir ofendido se eu falar isso com estas palavras?". Não transforme sua presença profissional em um comício. Cuidado ao usar seu posicionamento político no momento de se aproximar das pessoas.

• Escolha conversar sobre isso com as pessoas com as quais você sabe que tem liberdade ou em algum momento em que percebe que o assunto está fluindo construtivamente. Se isso não for feito com um mínimo de cuidado e empatia, você estará comprometendo relações. Antes de mais nada, lembre-se: ninguém necessariamente precisa saber de sua opinião sobre as coisas.

• Discutir política não é uma competição. Ninguém precisa ganhar. É, antes de tudo, uma troca. Se você não tem mais nada a acrescentar diante de um assunto, não tenha medo ou vergonha de esperar pacientemente o outro explanar a opinião dele até o fim e depois disso agradecer pela conversa e se retirar.

• Falar por último não significa ter as melhores ideias, assim como usar senso comum e ironia não são as melhores formas de terminar uma discussão política. Afinal, se a ironia é o que resta no fim de uma conversa que deveria ser produtiva, não houve empatia.

• Elevar a voz e tentar monopolizar a conversa, não dando espaço para o outro falar, também não é útil, além de não levar você a lugar nenhum nem fazer você ser visto como mais inteligente ou articulado.

• Por mais que as evidências mostrem que você está com a razão sobre um assunto, não cobre do outro que admita isso: é algo que incomoda e parece pedante. Respeite o espaço do outro, acima de tudo.

Falar de política deveria ser sinônimo de construir um conhecimento mútuo sobre um assunto, por meio de fatos e raciocínios plausíveis. Você tem se posicionado dessa forma quando discute política com seus colegas de trabalho?

14. Grávidas na empresa

Gravidez não é doença! É possível sim trabalhar e ter excelente desempenho estando grávida. A legislação garante direitos e certa estabilidade para as gestantes, mas isso não pode ser desculpa para deixar de cumprir suas obrigações profissionais.

Claro que toda gravidez e todo trabalho têm sua particularidade e exceção. Tudo vai depender do tipo de trabalho que a grávida exerce e as condições de saúde declaradas por seu médico.

Na hora de comunicar a seu chefe sua gravidez, faça pessoalmente e conte com alegria, mas sem euforia. Vale lembrar que o chefe ou as pessoas da equipe não são obrigadas a se emocionar ou se envolver com a sua gravidez.

A grávida não deve se chatear com o que pensa ser "insensibilidade" do chefe ou de alguns na equipe, nem fazer disso motivo de comentários. Muita cautela para não seguir por esse caminho.

É comum a gestante sentir certa insegurança quanto a seu emprego. Provavelmente a empresa colocará outro profissional para cuidar de suas responsabilidades quando se ausentar na licença-maternidade.

Por isso, assim que comunicar a gravidez, lembre-se de que a vida dentro da empresa segue normalmente e você deve continuar a se dedicar a sua função. Entendo que quanto mais alto o cargo na empresa, maior a preocupação da gestante sobre como vai ficar a situação no trabalho durante a gravidez.

Como a grávida deve se comportar durante esse período no trabalho, precisando conciliar exames, mudanças de humor, enjoos, enfim, tudo o que vem junto com a gestação?

Dicas de bom senso

- Antes de mais nada, é preciso entender que maternidade e competência profissional não são mutuamente excludentes. Por incrível que pareça, a maior dificuldade é justamente aceitar a ideia de que se podem conciliar as coisas, tendo um cargo de chefia e também uma família.

- De modo geral, a futura mãe deve estar a par do que está acontecendo no seu meio profissional e se manter responsável por ele. Negociar horários mais flexíveis e conduzir reuniões mais rapidamente são alternativas sempre à mão. Afinal, o que importa é a qualidade do trabalho, não o tempo que se passa na empresa.

• Se as crises de enjoo se repetem, uma dica é ingerir algum alimento de duas em duas horas (consulte seu médico e nutricionista). Não há mal nenhum em fechar discretamente a porta de sua sala para fazer um lanche sentada à mesa. Se as pernas incham, basta providenciar um banquinho e colocá-las para cima, tomando o cuidado, obviamente, de estar usando calças compridas e se manter discreta.

• Sente vontade de ir ao banheiro frequentemente? Numa reunião, o melhor é sentar-se, então, perto da porta, para não interromper o andamento dos trabalhos.

• Toda mãe ama sua prole! É fato! Mas cuidado com excesso de vídeos e fotos que mostra aos colegas de trabalho. Sabemos que seu filho é o mais incrível do mundo (para você), mas nem sempre as pessoas vão achar extraordinário seu filho ter aprendido a "dar risada" ou a dizer "mamãe", por exemplo. Uma vez uma mãe me fez assistir ao vídeo da primeira apresentação do filho bebê numa festa de final de ano na escola. A criança ficou parada no palco, toda fantasiada, mas não fez absolutamente nada! Fiquei assistindo ao vídeo por uns 5 minutos...

• Aceite que nem todo mundo vai achar que o seu filho é o mais lindo do mundo. Seus colegas de trabalho não estão interessados em seus dilemas profissionais, quanto mais pessoais. Aceite.

Trabalho e gravidez combinam, sim. A gravidez não pode ser impedimento para admissão em uma vaga de trabalho, muito menos motivo para demissão de emprego.

O mundo corporativo está pronto para negociar e fazer concessões; as grandes empresas estão tão preocupadas com a evasão de talentos femininos que abrir mão de uma ou duas horas do expediente ou impor o local onde a profissional vai trabalhar não é tão importante.

Negociar, negociar sempre e individualmente – seja a flexibilidade de horários, a licença temporária ou o trabalho remoto, enfim: o que for possível obter. E aproveitar que se está no exercício do poder para implementar cada vez mais programas de promoção do equilíbrio entre vida pessoal e profissional para todos, homens e mulheres.

15. Como me dar bem na entrevista de trabalho?

Você já parou para pensar por que a maioria dos candidatos é reprovada na primeira entrevista? O sucesso em uma entrevista de emprego pode depender de alguns detalhes. Muitos erros podem ser evitados e é muito importante você saber como se comportar antes, durante e depois de uma entrevista de emprego.

Dicas de bom senso

- Informe-se: mesmo que o anúncio da vaga responda a tudo que você gostaria de saber, pesquise mais sobre a organização que está contratando, sobre o mercado em que ela atua, oportunidades e concorrentes.

Não se limite ao site da empresa, pesquise notícias e, se possível, recorra a algum contato que conheça a organização.

• Revise e reveja seu currículo, tenha uma cópia dele consigo no momento da entrevista e, se alguma de suas respostas divergir do que constava no currículo que você enviou à empresa, explique a razão, pois seus entrevistadores irão perceber, ainda que não falem nada a você na hora.

• Cheque sua imagem na internet: muitas empresas buscam informações sobre o candidato nas redes sociais. Então, verifique se há algo na rede que possa prejudicar você. Fique atento a fotos indiscretas, comentários em *blogs* e nas fotos do Instagram.

• Chegue a tempo: a impontualidade conta muitos pontos negativos. Planeje antes sua rota para chegar com folga. Tente chegar pelo menos 15 minutos mais cedo. E vá sozinho! Parece piada, mas uma vez uma mãe superprotetora foi levar seu filho na entrevista e ficou aguardando na recepção da empresa. Ao término da entrevista, a mãe foi perguntar para o selecionador como seu filho "prodígio" tinha se saído. Detalhe: o rapaz tinha 32 anos! Situação constrangedora e embaraçosa. Em tempo: o candidato não foi escolhido para a vaga.

• Comece com firmeza: troque um aperto de mão firme com seu entrevistador, mesmo que seja do sexo oposto. Se você estava sentado quando ele entrou na sala, levante-se para apertar sua mão. Nada de apertos de mão "moles" nem de fortes em excesso – seja firme, apenas.

• Apresente-se: aproveite o momento para dizer claramente quem você é, mantendo o contato visual. Preste atenção no que o entrevistador responder: você não deseja esquecer o nome dele, nem pedir para que ele o repita depois. Se lhe oferecerem café ou água, aceite e beba ao longo da entrevista, com naturalidade.

• Busque a sintonia: dedique o máximo de atenção à conversa com o entrevistador. Esta é a hora da verdade – não fique olhando pela janela, para o relógio, rabiscando (mas pode tomar notas!) ou brincando com o lápis. Mantenha a postura e o contato visual, de forma natural.

• Fale com clareza: não exagere no volume, mas também não sussurre ou murmure. Pronuncie todas as palavras, responda com frases completas. Use a voz ativa, frases afirmativas. Transmita confiança, determinação e certeza.

• Não dê muito espaço para a timidez ou a modéstia: não exagere no "*show* de talentos" para os entrevistadores, mas também não se feche em copas. Você precisa mostrar o que seu currículo não diz, além de confirmar o que ele diz.

• Não se vanglorie de suas conquistas pessoais: o discurso não pode estar recheado de "eu fiz", "eu consegui", "eu conquistei" e "eu realizei". Quando você coloca todas as conquistas em primeira pessoa, pode soar presunçoso para o entrevistador.

• Mentir é o mesmo que dar corda para se enforcar; além de moralmente errado, não vale o risco. Ser descoberto, mesmo na mentirinha mais inocente, geralmente é suficiente até mesmo para remover sua ficha do banco de talentos.

• Tenha boas e sinceras respostas para perguntas difíceis, como a lista de seus pontos fortes e fracos ou a razão pela qual você deixou seu último emprego.

• Saiba o que perguntar: tenha boas perguntas preparadas. Se o seu entrevistador abrir espaço para que você faça perguntas, e você não tiver nenhuma, pode passar uma imagem de desinteresse ou de desatenção. Surpreenda positivamente o entrevistador fazendo perguntas objetivas sobre as atividades da empresa, situação do mercado, novos investimentos etc.

• Entenda a pergunta: ouça a pergunta até o fim, sem interromper. Se você não entendeu, não tente enrolar; peça que o entrevistador esclareça sua dúvida, e só então responda.

• Responda bem: nunca tente fugir da resposta. Seja claro e direto, e responda rapidamente. Mas não exagere: quando uma pergunta não puder ser respondida apenas com um "sim" ou um "não", jogue limpo: diga a verdade, não fuja de temas espinhosos.

• Falar mal do antigo emprego ou do ex-chefe, nem pensar. Mesmo que esteja com raiva da empresa ou do chefe anterior, jamais fale mal deles na entrevista de emprego.

• É o entrevistador quem encerra a entrevista. Talvez você ouça a famosa frase: "Vamos entrevistar outros candidatos e, em breve, lhe daremos um parecer". Mesmo que você ache que a entrevista não foi tão boa, saia da sala da mesma forma que entrou: de cabeça erguida. Pode ser sua última oportunidade de garantir uma impressão positiva. Despeça-se com um sorriso, demonstrando sua tranquilidade e segurança.

• Outro ponto importante é aceitar que há a possibilidade de não ser aprovado. Um processo de seleção envolve muitos candidatos. É grande a possibilidade de você não ser a pessoa escolhida. Se isso ocorrer, não encare como um fracasso pessoal.

• Caso não seja aprovado, peça *feedback*. Seja educado e diga que gostaria de saber como pode melhorar. Essas respostas podem ser um caminho para ajudar você a entender em que errou, que pontos precisam ser melhorados e o que você pode fazer diferente na próxima vez.

16. Ainda vale falar sobre roupas na entrevista de trabalho?

Escolher peças de roupa inadequadas para uma entrevista de emprego ou no dia a dia do trabalho pode transmitir uma impressão negativa a seu respeito. Mas por que ainda há tantos profissionais tropeçando nesse quesito? Será que ainda vale falar sobre roupa na entrevista? Sim, vale!

O velho ditado que diz "a primeira impressão é a que

fica" é bem clichê, mas verdadeiro. Sabemos que não se deve julgar ninguém por sua aparência, mas nem sempre isso acontece nas empresas. Portanto, fique atento ao impacto que sua aparência causa nos ambientes corporativos.

Sua imagem é muito importante e raramente você terá uma segunda chance de causar uma primeira boa impressão. Cada ambiente requer vestimenta adequada, portanto precisamos nos adaptar; independentemente das tendências da moda atual, no trabalho as regras são clássicas.

O sucesso de sua entrevista pode depender das peças que escolheu em seu guarda-roupa. Por isso, não custa nada repassarmos algumas dicas sobre como se vestir para a ocasião. E isso vale também para o entrevistador, para que não deixe a roupa ser mais importante do que o candidato.

Dicas de bom senso

- Não julgue as pessoas pelo que elas vestem. Cada local tem um "código de vestimenta" e devemos estar atentos a isso, mas, se deixar que sua decisão sobre o profissional seja pautada pela primeira impressão sobre as roupas que a pessoa veste, saiba que poderá perder muitos talentos.
- Pesquise sobre a cultura da empresa, pois o estilo adotado na organização, que pode variar de uma corporação para outra, será indicado pelos trajes. Mesmo em uma entrevista em empresas mais abertas e modernas, optar por calça social e camisa não irá prejudicá-lo. O bom é que não há como errar: na dúvida, escolha

sempre a roupa mais formal. O figurino deve estar de acordo com a cultura da empresa.

• Quanto mais alto o cargo em questão, mais formal precisará ser a roupa, tanto para mulheres quanto para homens.

• Cuidado com o excesso de perfume ou desodorante. O exagero pode incomodar em qualquer ambiente, não somente no trabalho.

• Maquiagem leve e cabelos bem penteados demonstram asseio pessoal. Esses cuidados refletem um ar *clean* e profissional. Para os homens, a dica é procurar estar de barba feita, cabelos arrumados e unhas aparadas. Fique atento ao gel capilar: ele pode ser usado, mas procure evitar a aparência de cabelos molhados, que pode afastar as pessoas.

• Para as mulheres, a dica é optar por calça nos primeiros encontros seletivos. Em algumas etapas do processo, as empresas aplicam dinâmicas de grupo, geralmente com atividades que exigem que os concorrentes se sentem no chão. Então, para não ficar em desvantagem, evite saia e vestido. A roupa deve ser confortável. Você precisa estar focada e confiante, e não deve usar algo que vá atrapalhar ou tirar sua concentração.

• Se optar por usar saia, fique atenta ao comprimento. Entenda que todo ambiente tem um código de vestimenta e não se esqueça de que vivemos em uma sociedade atrasada no que tange a olhar para a mulher com segundas intenções, e não é isso que buscamos no trabalho.[1]

• Decote é um tema complicado, pois cada mulher tem uma ideia e um parâmetro acerca do que é aceitável em seu corpo. Tenho uma dica: coloque sua mão na altura da axila e trace uma linha imaginária até o outro braço: essa é a linha que seu decote nunca deverá ultrapassar no ambiente de trabalho – que pode ser diferente do que usamos no âmbito pessoal. Meu intuito não é julgar ninguém, mas pense comigo: não usamos terninho e salto alto para ir à praia, da mesma forma que não usamos biquíni nas reuniões de trabalho. Cada local pede roupas apropriadas a ele.

• Transparência não é a melhor escolha para entrevista. Evite costas nuas e procure não expor um eventual *piercing*.

• Para os homens, nem sempre é necessário o uso de terno e gravata, principalmente para cargos de início de carreira na empresa. A dica é optar por calça escura e camisa social, sem gravata. Evite usar tênis: sapatos são sempre a melhor pedida. Se você estiver usando uma calça *jeans* escura, vai combinar.

Sua vestimenta não é o fator mais importante na en-

1 Confesso que ainda acho um absurdo ter de escrever capítulos como este, com orientações para as mulheres sobre como se vestir para evitar olhares maliciosos. Não é o fim do mundo que ainda precisemos ter cuidado com coisas desse tipo? Sim, é! Até quando isso será necessário? Mas, no momento em que escrevo este capítulo do livro, ainda vivo em uma sociedade na qual preciso escolher bem a roupa para ir trabalhar. É lamentável.

trevista e não vai garantir sua vaga. O que você veste, no entanto, dirá muito a seu respeito, e você não pode permitir que a aparência se sobreponha ao seu bom currículo.

17. Faça de seu currículo a isca perfeita para a vaga que tanto deseja!

Costumo receber centenas de e-mails de profissionais aflitos por não estarem conseguindo nem sequer participar de entrevista de trabalho. Eles me perguntam: por quê?

A resposta é complexa, claro, mas a primeira pergunta que faço é para checar se o currículo está adequado ao mercado de trabalho.

Por isso, achei que seria importante organizar minhas dicas neste capítulo, que poderá ser útil a tantos profissionais que se encontram nessa situação.

Considerando que um selecionador leva cerca de 40 segundos analisando cada currículo, fica o desafio de deixar o seu o mais interessante possível, para que sirva de "isca" para a vaga desejada.

Digo que seu currículo tem que funcionar como uma "isca" para que chame a atenção do selecionador e ele queira conhecer você pessoalmente, convidando assim para a tão esperada entrevista.

Aqui vão algumas sugestões que vão fazer de seu currículo a "isca" perfeita para você prosseguir no processo seletivo:

1) Dados pessoais: destaque seu nome e sobrenome, dados pessoais, endereço, telefone fixo, celular e e-mail.

O objetivo é que o selecionador possa encontrar você com facilidade.

2) Objetivo: essa é a parte fundamental de seu currículo. Tenho visto inúmeros currículos que não informam o objetivo. É importante ter o objetivo claro e indicar para qual vaga ou área deseja se candidatar; afinal, esse é o primeiro item verificado em um currículo, antes mesmo dos dados pessoais. O selecionador está separando os currículos por vaga, então onde colocará o seu, que não traz essa informação? Alguns profissionais afirmam não colocar o objetivo no currículo para não perderem nenhuma oportunidade, contando que o selecionador direcionará seu currículo para a vaga mais apropriada. Isso não acontece nas empresas: o dia a dia da área de recrutamento e seleção é muito corrido, e os selecionadores não dispõe de todo o tempo de que precisariam para analisar com essa precisão os currículos que recebem. Além disso, quem seria a melhor pessoa para saber qual a melhor área para você trabalhar? Você, claro! Para aqueles que estão pensando algo como "não sei para onde quero ir", lembrem: para quem não sabe o que quer, qualquer coisa serve! Para quem não sabe aonde ir, qualquer caminho serve! Se você não sabe o que é melhor para você, ninguém saberá. Portanto, foco e objetivos claros são fundamentais para esse primeiro passo em sua carreira.

3) Qualificações pessoais: coloque em tópicos sua experiência. Não é necessário dar muitos detalhes sobre as atividades desempenhadas em empregos anteriores, mas não deixe de valorizar seus conhecimentos. Quando eu trabalhava em empresa, era responsável por um programa bem complexo de treinamento específico destinado aos vendedores de concessionárias. Em vez de colocar em meu currículo os detalhes do programa, descrevi ter "experiência em treinamento de vendas". Simples, claro e objetivo. Indicar se tem disponibilidade para viagem também é algo a ser destacado.

4) Formação acadêmica: sempre liste do último curso realizado para o primeiro. Não se esqueça de indicar o nome da instituição, o nome do curso e o ano de formação.

5) Experiência profissional: recomendo que comece com a experiência atual (ou a última) e vá listando até chegar à mais antiga. Se já passou por muitas empresas, procure destacar as mais relevantes. Faça isso de forma sucinta, clara e objetiva. Lembre-se de que o objetivo é que o selecionador agende uma entrevista com você. No dia da entrevista, aí sim, você pode discorrer mais sobre sua experiência profissional.

6) Cursos extracurriculares: vale destacar os cursos que vão contribuir para a vaga ou área que você está buscando. Há cursos que podem ter sido muito interessantes para você, mas não acrescentarão nada se não tiverem relação com a área pretendida. Portanto, selecione com atenção os cursos que entrarão em seu currículo.

7) Idiomas: só coloque no currículo que é fluente em algum idioma se realmente for. Sabemos que o papel aceita tudo, mas não se ponha em uma situação que pode ser bastante constrangedora.

8) Informações adicionais: esse não é um item obrigatório no currículo, mas vale a pena acrescentar aquele trabalho social ou um *hobby* bacana e saudável que pratique.

9) Cuidado com as redes sociais: é muito comum os selecionadores verificarem as redes sociais dos pré-selecionados. Portanto, cuidado: você pode ser eliminado antes mesmo de fazer a entrevista.

O melhor momento para procurar trabalho é quando não está precisando. Então, o que está esperando para enviar seu currículo? Se for chamado para uma entrevista, poderá avaliar o que é melhor para você. Agora, se enviar seu currículo e não receber nenhuma resposta, pode ser um indicativo de que está faltando algo!

Agora que sua "isca" está pronta, comece lançando-a para empresas selecionadas e lembre-se de que, para alcançar bons resultados, você deve ativar sua rede de contatos também. Boas entrevistas!

Dicas de bom senso

- Uma boa formatação e uma boa apresentação do currículo demonstram cuidado e dizem muito bem a seu respeito. Atenção para não deixar passar erros ortográficos ou de linguagem: eles não contribuem para aumentar sua credibilidade.
- Envie seu currículo apenas para vagas alinhadas ao seu perfil. Preste muita atenção aos requisitos das vagas que você estiver pesquisando, pois mesmo que alguns títulos deem a entender que a vaga combina com você, as descrições podem dizer outra coisa. Garanta que vai se candidatar somente às vagas para as quais você realmente tem condições de contribuir. De nada adianta disparar

um currículo para milhares de vagas sem nenhuma estratégia, mesmo que seu currículo seja perfeito. Fazer isso pode até dar a você uma falsa sensação de missão cumprida, mas não é a quantidade de currículos enviados que vai lhe aproximar mais de sua próxima oportunidade profissional e, sim, a estratégia utilizada.

• Muita atenção na hora de clicar em "enviar". Em nossa era digital, o mais comum é que as empresas anunciem as vagas e solicitem que as candidaturas sejam feitas de forma inteiramente *online*. Seja por e-mail ou por plataformas, ao enviar seu currículo para uma vaga é importante prestar atenção em alguns detalhes que, no final, fazem toda a diferença. Comece colocando uma mensagem simples no corpo do texto. Escreva de forma profissional, revise quantas vezes forem necessárias para garantir que não há nenhum erro de digitação ou de linguagem. Por fim, certifique-se de que sua mensagem está personalizada para a vaga e que os nomes do recrutador e da empresa, por exemplo, estejam corretos. Isso causará uma boa primeira impressão aos recrutadores e sinalizará que você sabe exatamente sobre o que trata a vaga e que realmente tem interesse em conquistá-la.

• Não envie currículos por e-mail para desconhecidos sem enviar também uma mensagem. Além de causar uma impressão negativa sobre você, é provável que o destinatário simplesmente delete sua mensagem. Não adianta disparar e-mail*s* para vários destinatários e somente escrever a mensagem padrão: "À disposição para qualquer oportunidade". Isso não funciona e jamais funcionará. Procurar trabalho dá trabalho! Personalize cada e-mail. É trabalhoso, mas vale a pena.

18. Se tudo é urgente, nada é urgente! Cuidado com a síndrome do "para ontem"

Urgências existem, e é necessário reconhecê-las e adaptar-se a elas. Mas quando se tornam frequentes ou corriqueiras, as tarefas de apoio "urgentes" acabam se transformando na síndrome do relatório urgente, com várias consequências negativas, e que – especialmente quando parte dos escalões superiores – precisa ser tratada de forma cautelosa.

Quando é absorvida pela cultura organizacional, essa urgência constante acaba criando um clima de estresse e descontrole nas pessoas.

A realidade é que, quando tudo é considerado urgente, nada é realmente urgente, pois tudo estará em um mesmo nível de prioridade.

A síndrome do "para ontem" afeta todo mundo na empresa, e não no bom sentido. De um lado há aqueles que precisam encontrar uma forma de preservar o bom andamento das atividades, porque seus empregos dependem de atender essa urgência; do outro lado, há aqueles que lutam para combatê-la. Resultado: quase todos enlouquecem nas empresas.

Onde foi parar o senso de prioridade na liderança? Já ouvi de muitos líderes que ainda têm esse hábito que, se não pedirem tudo com urgência, nada fica pronto! Quanta falta de treinamento e de confiança na equipe!

A principal armadilha é que, a cada vez que um pedido urgente é atendido de forma imediata, a expectativa de urgência no próximo pedido será intensificada, e não abrandada.

Não existe solução simples ou definitiva, mas alguns tratamentos podem ajudar a aliviar os sintomas e avançar na direção da cura, desde que aplicados com cautela e acompanhados do preparo para justificar seu uso, se necessário.

Dicas de bom senso

- Não assuma que "urgente" sempre significa "imediatamente". Ao receber a solicitação urgente, explore a questão com quem a fez, colocando em perspectiva as outras urgências que já estiverem em andamento e procurando definir em que ordem deverão ser entregues.
- Saiba diferenciar as crises e os pedidos urgentes. O que você deve procurar gerenciar (no limite do possível) são os pedidos urgentes nascidos de características internas do solicitante (ansiedade, pressa etc.). Vale lembrar, entretanto, que, do ponto de vista de quem pede a urgência, a crise real sempre está presente, e frequentemente é a ela que compete essa avaliação. Lembre-se de que, se todos estão "enlouquecidos" na empresa, você não precisa ficar também!
- Aprenda formas melhores de dizer não. Recusar uma solicitação urgente pode ser temerário, mas existem formas positivas de dizer não, ou ao menos de reduzir o impacto gerado por um sim. Esteja preparado para falar sobre outras prioridades estratégicas (do ponto de vista

do solicitante), sobre alternativas para atendê-lo melhor, sobre como encaminhar situação similar no futuro etc. Há consequências, claro, e a habilidade essencial aqui é identificar as situações em que simplesmente se deve dar um "sim".

- Não seja você a dar causa à síndrome. Quando ela ocorrer por causa externa e sem solução em seu alcance, procure sempre suavizar as responsabilidades para evitar os danos que ela pode causar à sua equipe e à qualidade de seu trabalho. Sempre digo que, se as pessoas que trabalham com você não têm bom senso, tenha você!
- Invista em treinamento comportamental para toda a liderança e colaboradores sobre temáticas de gerenciamento do tempo e condução de reuniões. Muitos dos problemas diários no trabalho derivam da falta de treinamentos comportamentais. Acesse meu site www.danieladolago.com.br e saiba mais, posso ajudar!

Toda ação gera reação, e os relacionamentos humanos (inclusive os profissionais) usualmente são vias de mão dupla. As urgências constantes são péssimos hábitos corporativos e têm impacto direto na qualidade dos serviços prestados por um profissional ou equipe.

19. Reuniões *online* – câmera aberta ou fechada?

Olhamos para telas para quase tudo: trabalhamos na frente do computador, fazemos reuniões virtuais, estudamos *online*, falamos com familiares por chamadas de vídeo...

O trabalho remoto trouxe a facilidade de podermos trabalhar a distância com maior flexibilidade em relação a certas formalidades que o dia a dia no escritório demanda, mas, em contrapartida, abriu espaço para alguns comportamentos fundamentais quando a gente pensa em cordialidade e empatia.

Reuniões virtuais olho no olho são muito mais produtivas, uma vez que há maior troca entre os participantes, permitindo que o diálogo flua de forma mais assertiva.

O grande problema das câmeras fechadas é que não conseguimos perceber, por meio da leitura facial, se a pessoa atrás da tela está conseguindo captar a mensagem, ou seja, não é possível "corrigir a rota" do discurso.

É fato que o ritmo alucinante de reuniões *online* causa exaustão. E esse cansaço faz que não queiramos abrir a câmera na hora da reunião; afinal, o que menos queremos é ser avaliados, ser observados ou julgados se estamos atentos à reunião ou se roupa, cabelo e maquiagem estão adequados. Queremos paz.

Essa não pode, contudo, ser uma justificativa para não abrir a câmera. Diferente das chamadas *lives* ou dos *webinars*, nos quais existe um tema específico e não é esperada interação direta com o orador, as reuniões são encontros em que a troca de ideias é mais do que esperada: é desejável.

Dicas de bom senso

- Conecte-se no horário marcado e mantenha a câmera aberta. Uma das vantagens de não perder tempo se deslocando é a pontualidade. Lembre-se de que você está numa reunião de trabalho, mesmo *online*, durante seu expediente. Então, se a reunião fosse presencial, você estaria vestido com roupas adequadas e todos o estariam vendo. Chega de alegar não estar vestido adequadamente para manter a câmera fechada.

• Não deixe o microfone ligado em lugares barulhentos. Isso atrapalha o andamento da reunião e o raciocínio de quem apresenta. Há desavisados, inclusive, que continuam *online* mesmo depois de encerrada a reunião, demonstrando claramente que não estavam realmente presentes ao encontro.

• Uma das razões que mais causam esse cansaço é a "tentação" da multitarefa. Isso mesmo: é uma tentação, não caia nela! E fácil pensar que na frente do computador você pode fazer mais em menos tempo, abrindo várias janelas de programas diferentes para adiantar aquele relatório, responder algumas mensagens do WhatsApp e até ler as notícias do dia enquanto o colega fala na reunião à qual você deveria estar prestando atenção – algo que não faria se estivesse em reuniões presenciais.

• Na próxima reunião *online*, feche todos os programas que podem causar distração e foque na reunião. A propósito, procure trocar algumas reuniões *online* por telefonemas e e-mails. Será mesmo que precisamos de tantas reuniões *online*? Tenho usado também os áudios do WhatsApp para decisões em minha empresa, mas cuidamos para que não ultrapassem 2 minutos de tempo de áudio (ninguém quer ouvir longos áudios que mais parecem *podcasts*).

Para reconhecer uma dor, uma angústia, um amor, um medo, uma frustração ou até mesmo uma paixão, não são necessárias palavras, basta um olhar. Analise: o que você pode proporcionar para as outras pessoas que estão na reunião se sua câmera não estiver aberta? Abra sua câmera e fique mais conectado com as pessoas.

20. Não confunda igualdade de gênero com gentileza

Quem não gosta de ser tratado com gentileza? Aquela máxima da "gentileza gera gentileza" é cientificamente comprovada nos estudos sobre felicidade. Ela está ligada à habilidade emocional da conexão – profissionais felizes, genuinamente conectados com seus colegas, líderes e com o propósito organizacional também são mais confiáveis, flexíveis, inclusivos, criativos, inovadores e produtivos.

A gentileza tem um papel muito relevante na vida de qualquer indivíduo: ela amplia o autoconhecimento e o potencial de autocrítica, nos ajuda a enxergar que somos o melhor que podemos ser agora, considerando todas as nossas forças e limitações. Uma pessoa gentil sabe que está se esforçando para ser o melhor que consegue ser.

No âmbito profissional ela estimula a colaboração, o respeito à diversidade, à tolerância, aos erros e à empatia.

E por falar em diversidade, não podemos confundir comportamento gentil com igualdade ou equidade de gênero. Tenho observado uma confusão sutil e perigosa pelas empresas que trabalho que vale esclarecer aqui.

A equidade de gênero existe como consciência de oportunidades justas às mulheres, considerando fatores estruturais, sociais e históricos que vão além das leis já existentes. Para que a equidade de gênero prevaleça, é preciso considerar as atuais diferenças no tratamento de cada um dos gêneros e ter compromisso com a mudança.

"Igualdade de gênero" é a expressão que se refere à situação em que homens, mulheres e pessoas de gênero diverso são tratados igualmente e sem discriminação.

A gentileza é um comportamento. Quando as mulheres lutam por igualdade no trabalho, não estamos falando em agir como homens. Não é legal quando um homem diz ofensivamente para a mulher carregar caixas pesadas, já que pleiteia igualdade. Essa foi uma situação real que tive desprazer de presenciar – como se ser homem estivesse atrelado somente à força física. Buscamos igualdade salarial e de oportunidades no trabalho, respeitando nossas diferenças fisiológicas. Nós mulheres não queremos ser homens! Gostamos de ser mulheres e adoramos que os homens sejam homens.

Dicas de bom senso

- Cavalheiros podem continuar abrindo as portas da sala de reunião para as damas e podem puxar cadeiras, ajudando a colega a se sentar.
- Ao subir e descer escadas, é o homem que vai sempre à frente da mulher. O homem sobe primeiro para, se necessário, ajudar a mulher a subir.
- Um homem educado nunca deixará de tratar uma mulher com o devido respeito.

Um ambiente profissional de alta performance é construído por confiança. Isso acontece quando as pessoas confiam umas nas outras, com coragem para expressar seus pontos de vista e opiniões, sabendo que podem expor suas vulnerabilidades, que os conflitos serão tratados de forma respeitosa e ética, ou seja, gentil.

É importante ressaltar que, para vivenciarmos a gentileza de forma autêntica e consistente no trabalho, é preciso ter espaço aberto para a honestidade e para a autorresponsabilidade. Só assim romperemos com a cultura do vitimismo e abriremos espaço para o protagonismo. Clientes, parceiros, fornecedores, colegas e líderes sentem-se na obrigação de reverberar atitudes gentis e éticas se receberem esse tipo de tratamento.

As mudanças no mundo e todos os direitos conquistados pelas mulheres resultaram em uma mudança no comportamento dos homens. Não custa relembrar e esclarecer que lutamos por direitos iguais sim e que a gentileza nunca esteve fora de pauta.

21. Como cumprimentar as pessoas? Cuidado com excesso de intimidade no mundo corporativo

Cumprimentamos pessoas a todo momento. Faz parte da vida corporativa. O cumprimento demonstra interesse e até admiração pela pessoa, é um ato de educação e respeito.

Há cumprimentos específicos, por exemplo, que praticamos em um ambiente formal como é o corporativo, e que são diferentes em outros ambientes mais informais. No mundo corporativo, a forma como você cumprimenta as pessoas pode abrir portas para oportunidades ou fechá-las de vez.

Dicas de bom senso

- Um sorriso pode abrir muitas portas para você, e é por meio dele que você demonstra seu carisma e educação. Uma pessoa que anda sempre sorridente e cumprimentando os outros com um sorriso será facilmente lembrada e reconhecida, algo que é muito importante para a imagem pessoal e/ou profissional. E é diferente daquela pessoa séria, que aparentemente não está satisfeita com nada, pois só vive de cara fechada.
- Sabe aquele aperto que os homens têm o costume de dar nos bíceps de seus colegas como forma de cumprimento? Está errado. Não se pega no braço do colega para dar a mão em seguida, esse é um gesto rude e invasivo. Se você tem intimidade com a pessoa, pode cumprimentá-lo assim, na brincadeira, como amigos, mas jamais na empresa.
- O aperto de mão é a maneira mais comum e simples de cumprimentar. Se você não quer errar na hora do cumprimento, então dê a mão, o que é um gesto respeitoso e educado. A maneira correta é dar um aperto de mão com a mão firme, nem muito mole, nem muito forte. A mão firme é o ideal, pois demonstra credibilidade. Uma pessoa com a mão firme mostra segurança

sobre o que está fazendo – assim, além de ser um ato de educação, demonstra confiança também.

• Quando recebemos um aperto de mão com a mão mole, não sentimos nenhuma firmeza. A impressão que passa é a de que aquela pessoa não demonstra interesse e comprometimento e que está cumprimentando somente por obrigação, aparentando desrespeito e falta de credibilidade.

• O oposto da mão mole é a mão de ferro, aquela pessoa que cumprimenta de maneira impiedosa, que chega até estalar os dedos de quem está cumprimentando. Não aperte assim a mão de ninguém, é desrespeitoso, sendo homem ou mulher. Caso não tenha noção de sua força, comece a prestar atenção na reação das pessoas de quem aperta a mão e perceba suas reações.

• O aperto de mão "sanduíche" é aquele no qual, além de apertar sua mão, a pessoa ainda fica alisando o dorso dela também. Em um ambiente de trabalho, isso jamais deve acontecer: é um tipo de cumprimento muito carinhoso, totalmente informal e inapropriado para um ambiente formal. Esse excesso de carinho pode deixar outra pessoa constrangida e também indicar até um sinal de abuso, demonstrando que você está interessado na pessoa e se aproveitando do ato de cumprimentar para fazer investidas inapropriadas.

• Em um ambiente corporativo, você nunca deve cumprimentar uma mulher com um beijo no rosto, a não ser que ela cumprimente dessa forma também. Deve partir da mulher essa iniciativa. Caso esteja em dúvida se cumprimenta com um beijo no rosto ou não, estenda a mão e não cometa erros.

• Em uma sala de reunião, sempre se levante para cumprimentar a pessoa que acabou de entrar. O gesto de se levantar demonstra respeito.

• Não se esqueça de que quem chega é quem cumprimenta. Essa é uma regra geral. Mas não é preciso exagerar. Dependendo do momento, dizer "bom dia" ou "boa tarde" é suficiente.

• Em uma sala de reuniões, é muito importante fazer contato visual. Mas não espere que, feito o contato visual, os outros o cumprimentem. Tome a iniciativa e cumprimente as outras pessoas após o contato visual.

• Cumprimente as pessoas que passam por você nos ambientes em que você vive ou trabalha ou que visita regularmente, como prédio, refeitório, academia, elevador etc. Mesmo que você nunca mais veja a pessoa, tente criar uma interação positiva. Você fará alguém se sentir bem e também se sentirá melhor consigo mesmo. Você pode fazer uma saudação curta ou não, pode se expressar verbalmente ou com um gesto, como um sorriso, um aceno de mão, um movimento de cabeça etc.

• "Como vai?" e "É um prazer!" são frases "coringas" boas para qualquer circunstância.

• Ao apresentar pessoas no ambiente profissional, diga o nome delas e a área em que trabalham. Por exemplo: "Esta é Daniela do Lago, que trabalha com treinamentos". Se você está sendo apresentado e quem o fez se esquecer de dizer seu nome, você pode fazer isso, dando seu nome e sobrenome.

• É importante não bajular as pessoas no momento da apresentação. Não precisa utilizar expressões como "meu amigo mais querido" ou, pior ainda, "o mais bonito". A não ser que estejamos lidando com um homenageado em um evento especial, não cabem elogios ou brincadeiras.

• Em um jantar de negócios em um restaurante, por exemplo, as mulheres não precisam se levantar durante uma apresentação formal, mas os homens devem se levantar sempre. Se você, porém, chegou ao local e está sendo apresentado às pessoas, pode sinalizar que não é necessário que se levantem.

• Diante de uma autoridade, o ideal é esperar que essa pessoa o cumprimente e se apresente a você – caso contrário, pode parecer que você está querendo se aproveitar da oportunidade. De forma geral, a pessoa "menos importante" é comumente apresentada à "mais importante". A qualificação de autoridade pode estar relacionada às posições hierárquicas e a competências profissionais, mas também à idade e ao gênero.

• Nada de tapinhas nas costas durante o abraço de cumprimento. Beijar as costas da mão ao conhecer uma senhora é um cumprimento que está um pouco fora de moda para os homens, mas ainda pode ser considerado respeitoso.

- Não é conveniente mencionar sobre antigos cargos profissionais em uma apresentação, isso é muito desagradável.
- Ao se despedir, pode-se apenas dizer "Até logo!" ou "Até breve!".

22. Quem nunca disse um palavrão no trabalho?

Atire a primeira pedra quem nunca soltou um palavrão em um momento de satisfação – ou de frustração. Apesar do tema controverso, não tenho dúvida: palavrões, se usados adequadamente, são essenciais para a manutenção de uma boa saúde mental, para a coesão de um time e até para o bem-estar físico (afinal, quem nunca se sentiu melhor soltando um palavrão depois de bater o dedinho do pé no pé da mesa?).

Eu falo palavrão. Sei que não é um hábito legal, procuro me policiar, mas em muitas situações é mais forte do que eu. E é engraçado que, apesar das lutas pela igualdade das mulheres no trabalho, quando solto um palavrão em uma reunião a surpresa é maior por ter sido uma mulher a praguejar.

Falar palavrão cria laços. Xingar gera até certa intimidade e aproxima algumas pessoas no trabalho. No entanto, qual é o momento certo de dizer um palavrão na empresa?

É preciso alguma lucidez e uma boa capacidade de discernimento para saber identificar a ocasião certa, o momento preciso e a palavra adequada. Xingar com classe, leveza e estilo não é para qualquer um. Agredir com palavras é fácil, mas saber usar palavrão de maneira que não arranhe sua imagem profissional é para poucos.

Dicas de bom senso

• É preciso tomar cuidado. Afinal, palavras de baixo calão podem transformar qualquer coisa que você estiver fazendo em uma *merda*. Lembre-se disso na sua próxima reunião, porque, se você fizer alguma *cagada*, a culpa não será minha.

• Falar palavrão não é para qualquer um. Além de depender da personalidade de quem fala e do contexto, pessoas que não estão em cargos mais elevados na hierarquia devem se conter. Só corre menos risco quem está em cargos altos – quem ainda não chegou lá pode ter a carreira comprometida.

• Usar palavrões não é adequado, mas em um momento de descontração, pode ser compreensível e até engraçado. Mas atenção: não force um comportamento, algo que não lhe é característico.

• Perceba a cultura da empresa. Algumas empresas são mais formais e não admitem palavrões; empresas mais liberais, ou que lidam com criatividade, tendem a ser mais informais. Cada caso é um caso.

• Jamais use palavrões ao dar *feedback* ou repreender alguém no trabalho. Isso é agressivo e pode até resultar em processos legais.

• É comum também que palavrões sejam utilizados em discursos motivacionais nas empresas. Mas cuidado: não vale a pena recorrer a esse recurso. Você não pode correr o risco de ofender alguns para motivar outros. Sem contar que não há garantia de que aqueles que não se ofenderam efetivamente se sentiram mais motivados por seu discurso recheado de palavrões.

23. Amizade no trabalho – é possível ter amigos verdadeiros na empresa?

Qual é sua opinião sobre amizades no ambiente de trabalho? Essa é a pergunta que muitos líderes me fazem sobre a conduta que devem ter em relação à sua equipe de trabalho.

Boas relações são a espinha dorsal de organizações bem-sucedidas.

Se você trabalha com pessoas que gostam de você e te respeitam e, além disso, você também gosta delas e as respeita, então, estará num ambiente muito bom para se trabalhar. Mas se você está trabalhando onde fica constantemente na defensiva, desprezado ou excluído, você provavelmente caminha para uma infelicidade profunda – se é que já não chegou lá. Mesmo que diga a si mesmo que a situação é tolerável ou que você não precisa de amigos no trabalho, isso não é verdade.

A Gallup descobriu que relacionamentos de trabalho próximos aumentam a satisfação dos funcionários em 50%, e que pessoas cujo melhor amigo é colega de empresa tem sete vezes mais chances de se envolver plenamente com o que fazem.

Observo, porém, em nossa cultura brasileira, que a forma de encarar a amizade no trabalho ainda é carregada de muita confusão e crenças desatualizadas. Muitas pessoas entendem que amigo é aquele que fará tudo por você, que sempre o apoiará nas decisões (mesmo naquelas erradas) e não haverá cobrança. Sejamos honestos: no trabalho, isso será impossível.

Como então desenvolver amizade verdadeira na empresa em que o clima é de competição? Como estabelecer essa boa relação com pessoas que pensam de forma bem diferente?

Dicas de bom senso

- Para que uma amizade dê certo no ambiente de trabalho, é preciso saber separar as questões pessoais das profissionais, para não prejudicar nem a empresa, nem a si mesmo, nem as pessoas ao seu redor. A amizade no ambiente de trabalho é saudável e benéfica para a organização quando é acompanhada pelo profissionalismo que é exigido na empresa. Equilibrar as questões profissionais com as amizades requer maturidade por parte dos envolvidos.
- Você sabe diferenciar suas preferências pessoais do coleguismo profissional? Isso quer dizer que, independentemente de sua afinidade com uma ou outra pessoa em nível pessoal, existem outros colegas que trabalham na organização que devem ser respeitados, nunca excluídos de tarefas para as quais serão úteis ou deixados de lado em assuntos que são pertinentes a eles.
- O respeito mútuo é a chave e o caminho para a amizade. Tome cuidado para não tomar decisões entre seus amigos sem comunicar a todos os envolvidos. Quando existe respeito, nos motivamos a resolver conflitos

de modo que todos ganhem. E quando acreditamos que seremos aceitos por quem somos, que temos papeis importantes a desempenhar e que somos parte de uma equipe, estamos mais comprometidos com os objetivos coletivos.

• Relações positivas e de amizade são importantes no trabalho por razões estritamente humanas. Desde os primórdios, as pessoas se organizam em tribos que trabalham e se divertem juntas. Hoje, as empresas são nossas tribos. Queremos trabalhar em um grupo ou empresa da qual nos orgulhamos e que nos inspira a dar o melhor de nós mesmos.

• Emoções positivas pelo sentimento de ser valorizado profissionalmente, têm uma série de benefícios: nosso cérebro funciona melhor, somos mais criativos e adaptáveis, temos mais energia, tomamos decisões mais inteligentes e lidamos melhor com a complexidade. É simples: pessoas felizes funcionam melhor do que as infelizes.

• É hora de reivindicar o direito de ter um ambiente de trabalho mais decente e amigável. Também queremos que as pessoas se preocupem conosco e nos valorizem como seres humanos. E precisamos fazer o mesmo com elas.

Vamos substituir crenças desatualizadas por um novo entendimento do que podemos esperar do trabalho e uns dos outros.

Isso nos ajudará a criar locais de trabalho que respeitam

nossa humanidade e promovem a decência comum e o sucesso sustentável, em que as ideias, as necessidades e os desejos são importantes, assim como a amizade em nossa vida.

24. Será que o puxa-saco sou eu?

Tenho certeza de que você convive com um deles. Ele é motivo de fofoca nos corredores da empresa. Inadequação é a palavra-chave para definir seu comportamento. Considerado chato e não confiável pelos colegas, seu destino é ficar isolado e ser maltratado pelo restante da equipe. De quem estou falando? Do puxa-saco!

Ninguém se considera um puxa-saco, tampouco quer ser rotulado assim por parte da equipe. Sei que sua intenção é positiva perante o chefe, por isso vale a pena atentar para algumas dicas para você fazer uma autoavaliação e descobrir se não é você o puxa-saco.

Dicas de bom senso

- Geralmente, começo a identificar um puxa-saco pela leitura do ambiente na empresa. A equipe tende a dar um "gelo" no puxa-saco, e o isolamento é um sinal a ser levado em consideração por aquele que desconfia estar sendo considerado assim. Então, se você anda muito isolado e deslocado da equipe, pode ser que esteja acontecendo isso.
- Antes de tentar chamar a atenção na empresa, observe como as pessoas se comportam naquele ambiente, para não ser mal interpretado.

Observe agora algumas características marcantes de tipos de puxa-saco que encontramos pelas empresas.

– O queridinho do chefe: seu lema é agradar e se destacar por isso. Apontar o dedo para a falha dos outros é sua marca, e costuma fazer isso na frente do chefe. Cuidado com ele, é perigoso e um problema para o grupo, porque coloca uns contra os outros. Seu real objetivo é provar que tem senso de dono do negócio, que é responsável e que tem liderança. Quando é ardiloso e bem articulado, não é flagrado e pode até alavancar a carreira, ainda que de forma irregular.

– O papagaio: já se pegou repetindo as mesmas frases do chefe? O puxa-saco papagaio faz isso. De chavões a comentários genéricos, propaga tudo que o gestor diz. É um imitador por excelência, imita comportamentos e frequenta os mesmos lugares. Também adora compartilhar as citações de palestrantes famosos.

– O hiperatarefado: à primeira vista, é o que mais trabalha da equipe. Está sempre falando sobre seus mil projetos, relatórios e apresentações. Em resumo: hipervaloriza seu expediente. Reparando bem, está ocupado só na hora de ajudar os outros. Para o chefe, se mostra disposto e motivado para começar novos trabalhos.

– O sabichão: de assuntos menores à tomada de decisão, eles sempre têm razão. No entanto, seu conhecimento não é profundo e sua atitude é arrogante.

– O "esconde informação": esse sim é um *expert*. O problema é que não compartilha conhecimento com a equipe com medo de que outros tenham mais oportunidades do que ele. Por isso, reserva sua sabedoria e experiência para impressionar os chefes.

– O Papai Noel: dá as caras no fim do ano. Travestido de generoso e preocupado, compra lembrancinhas e lanchinhos para ganhar o coração de seu gestor.

E aí? Você tem alguns desses comportamentos no trabalho? Espero que não! Existem muitas outras formas de crescer no trabalho que são diferentes e mais honrosas que ser um puxa-saco.

25. O que fazer quando as manias do colega ao lado atrapalham meu rendimento em meu trabalho

Conviver com pessoas de diferentes personalidades, todos os dias, não é uma tarefa fácil. Por mais profissional que alguém seja, é impossível não levar em conta os aspectos emocionais envolvidos nos relacionamentos.

Quem nunca conheceu alguém chato e insuportável no trabalho? Há pessoas que vivem para atazanar nossa vida... Quando você olha para a pessoa, o primeiro e único pensamento que lhe vem à cabeça é: fugir e evitar qualquer contato.

Os motivos que tornam uma pessoa desagradável são vários: é o chefe mal humorado que reclama de tudo e de todos; o colega de trabalho que espalha fofocas por onde passa; aquele que adora fazer gracinhas nas horas mais impróprias; o que fala demais, adora falar alto ou passar o dia fazendo brincadeiras e contando piadas; mantém uma caixa de som ligada num programa inadequado; abusa de palavrões e obscenidades; faz perguntas íntimas; acredita que é superamigo dos colegas e pergunta sobre o relacionamento deles, a situação financeira etc.; não cuida da aparência e higiene pessoal; tem atitudes que fogem à etiqueta profissional.

Dicas de bom senso

• Se seu colega é insuportável, o que você deve fazer? Descubra se outras pessoas estão enfrentando o mesmo problema. Converse com os colegas de sua confiança sobre o assunto e descubra se eles também têm notado tal comportamento na pessoa. Comece investigando o que lhe incomoda: atitudes, postura, manias, forma de pensar.

• Reflita: é uma mera implicância de sua parte ou o comportamento de seu colega está, realmente, refletindo na qualidade de seu trabalho? Se sim, dê *feedback* à pessoa e diga o que lhe incomoda – ela pode nem perceber que seu comportamento incomoda os colegas. Tenha cuidado para não conversar com essa pessoa quando estiver irritado ou frustrado ou quando suas emoções não estiverem controladas.

• Deixe a pessoa saber que suas ações terão um impacto negativo sobre a carreira e a reputação dela no escritório ou mesmo nos resultados gerais da empresa. Se mesmo assim a pessoa não mudar, leve a questão para seu superior ou para o responsável pelo RH, argumentando que o rendimento da equipe está sendo prejudicado por essa situação.

- Aponte, com exemplos concretos, o quanto o comportamento da pessoa em questão está influenciando em sua produtividade.
- E se a pessoa em relação à qual você se queixa é seu chefe? Mesmo nesse caso, também vale a pena conversar. Uma relação profissional deve ser pautada pela maturidade para dar e receber *feedback*. Se perceber, porém, que não há espaço para essa conversa, e por mais difícil que seja a recolocação em determinadas áreas, pode ser o momento de procurar outra oportunidade. Ninguém deve se sentir desrespeitado ou humilhado em função de outros.

26. Como saber se sou alguém insuportável?

Observe se as pessoas estão se afastando de você. Quando você chega na roda de conversa, o pessoal começa ir embora? Você convida alguém para almoçar com você e a pessoa recusa? As pessoas estão evitando você ou fazendo piadinhas sobre seu jeito de ser? Se isso está acontecendo, pergunte-se: será que estou causando mal-estar nas pessoas, estou sendo inconveniente, estou com mau hálito, falo alto demais? Por que as pessoas estão se afastando de mim?

Dicas de bom senso

- Fale corretamente.
- Cuide da aparência e da higiene pessoal.
- Evite fofocas. Se alguém contar algo, não repasse.

- Siga regras de etiqueta vigentes na empresa, mesmo que não concorde com elas. Essas são as regras do jogo válidas em seu ambiente de trabalho.
- Fique atento aos sinais que as outras pessoas enviam a você, pois muitas vezes podem querer expressar informações como “se manca!” ou “não gosto disso!”.
- Respeite o lugar do outro. Não invada a privacidade alheia.
- Trate os outros como gostaria de ser tratado.
- O ambiente não é só seu: se você divide sua mesa com um colega que trabalha em outro turno, é justo deixar a mesa repleta de objetos pessoais ou “amuletos” de seu time de futebol? A ideia é respeitar o espaço que não é só seu.
- Cuidado com perfumes fortes, incensos ou aromatizadores: você pode gostar do aroma, mas outras pessoas, com as quais você divide o ambiente, talvez não...
- Fique atento para atitudes como batucar na mesa, bater pulseiras enquanto digita, cantarolar enquanto trabalha, ficar rodando a cadeira giratória durante a reunião etc.

Cuidado! Esses tipos de atitudes podem prejudicar sua imagem na empresa. Controle-se e capriche. Se cada um fizer sua parte, a convivência no trabalho se torna muito mais agradável.

27. Comida na geladeira na área do café

A área do café já foi motivo de desentendimentos e até brigas mais sérias nas empresas. Muitas companhias chegaram a cogitar desativar essa área, pois era centro dos conflitos e pesadelo da liderança. "Quem pegou meu iogurte que estava na geladeira?", "Quem deixou suja a faca da manteiga?", "Essa geladeira está imunda e eu não vou limpar": essas são apenas algumas das frases ouvidas nessa situação... Quem nunca ouviu isso em uma empresa?

A geladeira da empresa é um utensílio coletivo, que deve ser cuidado por todos. Os bons hábitos de higiene e limpeza devem prevalecer sempre, principalmente quando se trata de um equipamento de uso coletivo. E sempre é tempo de aprender e de adquirir hábitos saudáveis. Os relacionamentos melhoram quando todos respeitam o ambiente em que convivem.

Dicas de bom senso

- Consuma apenas o que é seu! Pode parecer um conselho desnecessário, mas não é... Muitas pessoas consideram não só a geladeira coletiva, mas seu conteúdo também! É possível aprender e ter atitudes melhores.
- Derramou algo? Limpe imediatamente – cada um deve limpar o que suja, mesmo que a empresa conte com funcionários dedicados à limpeza. A geladeira usada por todos nas dependências da empresa precisa ser mantida limpa o tempo todo. Então, se você sujou, limpe, sem demora.

• Não deixe alimentos estragarem na geladeira. Escolha um dia da semana para checar se não esqueceu nada na geladeira ou se o que você guardou ainda está em condições de consumo. Se você fizer isso toda sexta-feira, por exemplo, não esquecerá alimentos na geladeira que poderão estar impróprios para consumo na semana seguinte.

• Guarde os alimentos em potes com tampa. Isso colabora para a conservação dos produtos e também para a higiene da geladeira e para a organização do espaço coletivo.

• Identifique os potes com etiquetas com seu nome. Isso vai evitar confusões na hora de pegar sua refeição na geladeira.

Mais uma vez, jamais coma o que não é seu sem pedir antes autorização para o dono do produto! Se o alimento não está identificado com o nome da pessoa, pergunte de quem é antes de consumi-lo.

Se você já comeu algo que não era seu achando que ninguém iria saber, cuidado! Em uma empresa na qual prestei consultoria, houve a maior confusão por causa do roubo de comida da geladeira compartilhada. Alguém comia o almoço dos outros e ninguém sabia quem era o faminto misterioso. Enviaram memorando para sensibilizar todo o departamento, tornaram obrigatória a identificação com nome do dono de tudo o que era colocado na geladeira, mas de nada adiantou: as refeições continuavam desaparecendo!

Até que uma das pessoas cuja comida estava desaparecendo resolveu tomar uma atitude e misturou, na refeição, um composto que provocava diarreia. A pessoa que estava desaparecendo com as refeições comeu e passou muito mal no banheiro da empresa. Todos os colegas souberam, enfim, quem era o "engraçadinho", mas o resultado foi péssimo para os envolvidos: o "misterioso" foi parar no hospital e tanto ele quanto o "vingador" foram desligados da empresa. Então, fique ligado!

28. Vaquinha para presente de casamento ou aniversariante no departamento

Aniversários e casamentos são datas especiais e podem ser aproveitadas pelas empresas para alcançar resultados. Como política de relacionamento, as comemorações trazem ótimos efeitos. Ações de reconhecimento fazem bem. Além de se sentir especial, o profissional percebe que não é apenas uma peça na engrenagem e, sim, uma figura importante na trajetória da empresa.

Celebrar datas importantes demonstra o quanto a organização se importa com seu capital humano. Além disso, as festividades costumam entrosar as equipes e fortalecer o engajamento e a motivação.

A escolha do presente para os colaboradores que estão a caminho do altar ou aniversariando costuma trazer dúvidas e, muitas vezes, pode causar um embaraço e desconforto tanto para os presenteados como para os colegas de trabalho que estão presenteando.

Muitas empresas adotam a prática, comum em nossa sociedade, de fazer uma "vaquinha", que é uma campanha de arrecadação de dinheiro. Assim, os colegas se unem para reunir uma quantia para presentear os noivos ou aniversariante. Mas é importante lembrar: é aconselhável participar da vaquinha, mas não é obrigatório...

Dicas de bom senso

- Se puder, participe desse tipo de campanha. É uma oportunidade de *networking* e uma maneira de mostrar seu compromisso em relação à empresa. A última coisa que você quer é deixar a impressão de que não é um membro da equipe.
- É de bom tom que não se destaque o valor com que cada pessoa contribuiu, porque pode gerar constrangimento. Não se conhece necessariamente a realidade financeira das pessoas, talvez a participação na coleta comprometa o orçamento do funcionário. É importante deixar as pessoas livres para contribuirem dentro de suas possibilidades; afinal, o que importa é o montante final.
- No caso dos aniversários, deve-se ter cuidado com o que comprar. As opções são muitas e o responsável pelo presente deve escolher conforme a verba disponível. O importante é que o presente seja de valor semelhante para todos, para não gerar melindres.
- É importante atentar para não comprar presentes que possam causar embaraço. Em geral, os colegas querem ver o presente, e se ele for algo muito pessoal, como uma peça íntima, pode gerar não só mal-estar como também brincadeiras constrangedoras. Uma vez compramos uma lingerie para uma aniversariante da

empresa, que era amiga próxima. Sim, a ideia foi minha. Podem me julgar, eu também já cometi inúmeros erros profissionais. Como todos da equipe contribuíram, claro que quiseram ver o presente. Então, a aniversariante teve que abrir o pacote e expor o presente, tão íntimo, na frente de todo o departamento. Ela ficou superconstrangida com os comentários e as brincadeiras depois. Naquela época, pouco se falava em assédio; mesmo assim, foi uma decisão ruim.

- Se você pretender usar as redes sociais da empresa, como LinkedIn, Facebook ou Instagram, para cumprimentar os aniversariantes, tenha certeza de que eles aprovam essa exposição. Essas publicações costumam gerar muito engajamento e em geral são apreciadas pelos colaboradores, mas é sempre bom garantir que as pessoas citadas concordam com a publicação.
- Se você optar por não participar de vaquinhas de casamento ou aniversário, considere que, quando for a sua vez, provavelmente as pessoas não irão se mobilizar para fazer por você. E, se você já foi o homenageado alguma vez, não deixe de participar na vez dos outros. Não é bom passar a impressão de egoísmo ou de descaso em relação aos colegas.

29. Devo comemorar meu aniversário na empresa?

Nem todos gostam de comemorar aniversários, outros não perdem a chance de festejar... Mas, em geral, o aniversário é uma data especial. Quando comemoramos mais um ano de vida, estamos inclinados a receber carinho dos amigos, familiares e também dos colegas de trabalho.

Você já passou seu aniversário na empresa? Houve algum tipo de evento para marcar esse dia?

Muitas empresas não atentam para isso, mas lembrar o aniversário dos colaboradores é muito importante para desenvolver pontos estratégicos, como motivação e satisfação com o local de trabalho.

Dicas de bom senso

- Reúna os aniversariantes do mês da empresa e faça uma festa para todos. Essa ação promove a integração entre os funcionários e departamentos, além de proporcionar um ambiente de engajamento no trabalho.
- Caso sua empresa não tenha uma área de Recursos Humanos ativa, faça você mesmo a festa! Reúna-se com os outros aniversariantes do mês, distribuam as tarefas, como decoração, petiscos e convites, entre todos e divirtam-se!
- Convide todos os funcionários do departamento, mesmo que não tenha afinidade com alguns. É um momento de comemoração, e todos devem se sentir bem-vindos.
- E se você receber um convite para comemorar o aniversário de alguém com quem você não simpatiza muito? Deve comparecer? Se a comemoração é nas dependências da empresa, nem tenha dúvida: vá! Não é de bom tom recusar o convite.

30. Chá de fralda no trabalho para homem também vale?

Para realizar um chá de fraldas ou chá de bebê no trabalho há vários motivos, entre eles o fato de a pessoa querer fazer mais de um evento, separando os convidados por grupos de convivência ou pelo fato de a maior parte de seus amigos encontrar-se ali.

Pode ser um chá de bebê ou de fraldas para uma colega de trabalho, uma festinha surpresa para uma grávida muito querida. Mas e como fica quando um colega da equipe está "grávido"? Vale fazer esse chá para homens que serão pais? E nos casos de adoção?

Diversidade é tema presente nas empresas. Como o RH pode promover a diversidade nas empresas? O departamento deve ser protagonista na mudança de ares e um dos vetores por trás do respeito à diversidade nas empresas. Estrategicamente, o RH deve utilizar sua *expertise* e experiência para integrar a diversidade no local de trabalho.

Se você está pensando em preparar uma pequena recepção para realizar o chá de fraldas no trabalho, porém tem dúvidas de como organizá-lo, lembre-se de que é importante desfrutar desse momento com seus colegas, sem que interfira diretamente nas atividades diárias.

Dicas de bom senso

- Considere que o chá de fraldas deve ser inclusivo e preparado para qualquer pessoa que esteja à espera de um bebê.

- É de responsabilidade do RH estipular se é permitido organizar esse tipo de evento na empresa; se for, deve cuidar para que todos que estejam à espera de um bebê recebam tal presente da empresa.
- A companheira grávida de um funcionário da empresa não precisa comparecer ao evento (nem toda empresa permite visitas); nesse caso, reunir os presentes e entregar diretamente ao pai é um símbolo da alegria da equipe pela nova fase familiar.
- Você pode oferecer um lanche na empresa e, se achar conveniente, até organizar as brincadeiras comuns a esse tipo de evento; só cuide para que essas atividades não afastem as pessoas de suas ocupações por mais de uma hora – afinal, estão em horário de trabalho.
- Não basta convidar os homens do departamento para o evento: é importante pensar em como tornar a festinha mais agradável para eles também. O ideal é pensar em atividades que sejam adequadas para homens e mulheres.

31. Vou almoçar com o chefe, e agora?

Unir ainda mais a equipe, criar sinergia para que o clima na empresa fique cada vez mais agradável: essas costumam ser as propostas de um almoço de trabalho. Normalmente, o almoço entre os colegas da empresa tem o intuito de promover a integração entre aqueles que trabalham juntos diariamente. Mas e quando o convite vem do chefe?

O almoço com o chefe, sejam só vocês dois, seja com

toda a equipe, pode ser uma oportunidade única, mas é preciso ficar atento para não cair em armadilhas que podem prejudicá-lo.

Dicas de bom senso

- Chegue no horário combinado – pontualidade é fundamental: ser pontual é uma questão de responsabilidade e profissionalismo. Afinal, trata-se de um almoço de trabalho com horário marcado. Chegue no horário combinado, mesmo que seu chefe tenha o mau hábito de chegar atrasado às reuniões da empresa. É melhor você ficar esperando por seu chefe atrasado do que fazê-lo esperar por você.
- O que falar? É importante saber o objetivo do almoço. Se for estritamente profissional, como discutir suas atividades ou novos projetos do departamento, então esse deve ser o tema dominante ao longo de toda a refeição. Caso contrário, é perfeitamente plausível que se fale de outras coisas além do trabalho.
- Almoçar com o chefe pode ser uma excelente oportunidade para que vocês se conheçam melhor, mas existem limites que devem ser respeitados. Não se esqueça de que esse almoço é um encontro profissional; por isso, evite revelar detalhes sobre sua vida pessoal e, claro, fazer perguntas indiscretas. O silêncio nem sempre é ruim, principalmente se você estiver nervoso ou sem assunto. Temas da atualidade ou relacionados com o mercado da empresa podem ser abordados.

• Mesmo em um almoço descontraído, você pode estar sendo avaliado por seu chefe. Ele provavelmente estará observando você o tempo todo, e bom senso é fundamental. Mantenha sempre uma postura profissional e madura, tenha cuidado com piadinhas e outras brincadeiras aparentemente inofensivas. A ideia não é agir de forma "robotizada" ou ficar na defensiva, mas é importante pensar antes de agir e não confundir assuntos.

• Você pode falar sobre seus objetivos profissionais – mas, de novo, com bom senso. Esse almoço pode ser uma excelente oportunidade para falar sobre suas ideias e projetos. Procure falar sobre seus estudos, novos cursos em que deseja investir para sua carreira. Outro ponto importante: ninguém gosta de quem reclama demais. Não é o momento para ficar se lamentando por estar trabalhando demais e ganhando pouco. Muito menos de se gabar do profissional maravilhoso que você é. Pense na troca, deixe seu chefe conhecer você e faça perguntas para conhecê-lo também.

• O peixe morre pela boca! Estar frente a frente com seu chefe em um restaurante pode se revelar constrangedor. Muitas vezes, queremos logo "quebrar o gelo". Provavelmente, seu chefe vai perguntar coisas sobre você, com o objetivo de conhecê-lo melhor e para saber se pode investir em você e contar com você no futuro. Falar que quer abrir seu próprio negócio, que está trabalhando na empresa apenas por um período ou que seu objetivo é acumular dinheiro suficiente para viajar e mudar de país pode lhe ser prejudicial.

- Se seu chefe lhe fizer perguntas diretas sobre a empresa, sobre seu trabalho e a equipe, procure responder sempre da forma mais diplomática e profissional possível. Não caia na tentação de expor fofocas do escritório ou se queixar dos colegas do departamento. Se seu chefe fizer algum comentário em tom "maldoso" sobre alguém, sorria, diga que não tinha pensado sobre o assunto sob aquele ângulo e não contribua com a fofoca.
- Menos é mais! Não atenda chamadas telefônicas durante o almoço: a premissa de que quem está presente tem prioridade é válida. Ficar "postando" durante o almoço, tirar foto do prato escolhido para postar nas redes sociais ou algo do gênero pode ser constrangedor.
- Procure não pedir o prato mais caro do cardápio. Peça algo que depois não vá se arrepender de comer.
- Não peça bebida alcoólica, mesmo que seu chefe sugira que você o acompanhe. Afinal de contas, você voltará ao trabalho após o almoço.
- É natural que seu chefe pague a conta: não se sinta mal com isso nem fique insistindo para dividir a conta. Apenas agradeça e aproveite o momento!

32. Festa de fim de ano na empresa

Todos os anos os colaboradores recebem convites para as festas de fim de ano das empresas em que trabalham. Não é novidade para ninguém, mas vale lembrar: gafes entre familiares e amigos podem não ter consequências graves, mas o cenário muda quando, no ambiente, estão os colegas de trabalho.

Mesmo em clima de confraternização, infelizmente, nessas festas o comportamento do funcionário costuma ser avaliado, o que pode influenciar em sua permanência na empresa.

Não deixe que uma simples festinha corporativa de fim de ano se transforme em armadilha contra seu emprego.

Dicas de bom senso

- Você já sabe que o principal agente da "vergonha do dia seguinte" é o álcool. A festa na empresa pode ser uma tremenda arapuca se for servida bebida alcoólica, pois a língua fica solta. Portanto, controle-se! Se você não consegue se controlar, nem comece a beber.
- Quem não bebe também pode exagerar. Nessas festas costuma ter música para descontrair o ambiente, mas dançar de forma "exagerada", mostrando sua habilidade na velocidade máxima da dancinha do "créu", pode arranhar sua imagem profissional.
- No "amigo secreto", atenha-se sempre ao valor estipulado. Essa regra vale até mesmo se o sorteado for seu chefe. Cuidado com presentes muito íntimos, como lingerie, pijamas e perfumes. Livros e artigos para casa são excelentes opções.
- Um dos objetivos da confraternização é entrosar os funcionários, então todo mundo merece um "feliz ano novo", inclusive aqueles colegas com os quais você pouco convive. Demonstre simpatia e mostre seu lado divertido para os colegas, mas não precisa ser o centro

das atenções. Evite assuntos de trabalho, principalmente com o chefe. E nada de pleitear uma promoção quando o objetivo é descontrair.

- E se surgir um clima romântico com algum colega da empresa? Recomenda-se discrição. A empresa não tem nada a ver com as suas questões pessoais, mas não seja você a pauta das fofocas de corredor do dia seguinte. Nada de abraços e beijos calorosos, principalmente se a relação estiver no início: nunca se sabe se vai dar certo ou não. Será que se não der certo você vai conseguir conviver com a pessoa na empresa, de maneira produtiva?

Pensando em todos esses cuidados necessários na festa da empresa, muitas pessoas preferem não participar da confraternização. Nesses casos, minha sugestão é simples: vá. Quem faltar terá que dar explicações. A verdade é que não existem boas explicações para não ir. E mesmo que você não goste desse tipo de festa, deve fazer um esforço para mostrar que faz parte do time e suportar algumas horas nessa pequena comemoração. É uma vez por ano. E o resultado será uma repaginada positiva na imagem.

Então, com a sua cara de felicidade leve também a coragem, a paciência e o bom humor, e tenha uma boa festa!

33. Como ir à casa do chefe sem cometer gafes

Nem todo mundo é convidado para eventos na casa do chefe. Se você recebeu esse convite, então saiba que, se ainda não chegou lá, está no caminho certo. Na alta gestão, a maioria dos negócios não é fechada dentro da empresa, e as alianças são construídas em eventos sociais como esse para o qual foi convidado.

Quando o chefe convida para um evento na casa dele, abrindo sua intimidade a colegas e subordinados, mais do que nunca é preciso manter uma postura compatível com o profissional competente que você sabe que é.

Mais do que nunca é preciso manter uma postura equilibrada: não force para uma intimidade excessiva nem fique travado na sala, constrangendo os próprios anfitriões.

Dicas de bom senso

• Ao receber o convite, certifique-se de que é do tipo +1 – ou seja, de que você pode levar acompanhante. Se não for, não insista.

• Antes de chegar ao evento, informe a seu acompanhante nomes e alguns fatos referentes às pessoas que vocês irão encontrar, para que, ao chegar, tenha assunto com os demais convidados.

• Flores são sempre bem-vindas – mande no dia seguinte com um cartão agradecendo pelo evento. Se mandar no mesmo dia da festa, envie apenas o cartão com seu sobrenome riscado e, eventualmente, uma mensagem do tipo "Agradeço o convite, um abraço". Longe de ser frescura, o gesto mostra que você é atencioso e educado. Mas não precisa chegar na festa com um imenso buquê: a anfitriã pode nem ter vaso disponível para arrumar no momento.

• Pergunte qual é o traje esperado no momento em que receber o convite. Ir a um evento com uma roupa inadequada pode fazer você se sentir constrangido a noite inteira. Caso se esqueça de perguntar na hora, não hesite em se informar, nem que seja no dia, por mensagem de texto.

• Seja natural à mesa. Se quiser, repita o prato – os donos da casa vão adorar. Se não conhecer alguma receita, pergunte, pois os anfitriões terão prazer em informar. E elogie, se sentir vontade.

• É feio falar "Eu não como isso". Se o prato oferecido não for do seu agrado, sirva-se de pequena quantidade e não coma tudo. Recusar é indelicado. Só mesmo em extremo caso de alergia. Ainda assim, avise reservadamente, jamais na frente dos outros.

• Nem pense em falar sobre temas como dieta, calorias, alto colesterol etc. Coma com prazer. Falar de dieta em um jantar é chato e deixa as pessoas desconfortáveis.

• Assuntos de trabalho? Nem pensar. Só se perguntarem algo, e mesmo assim evite o tema. Vamos expandir o repertório! Há tanto sobre o que se conversar... Música, viagens, comida, decoração, artes, esportes, *hobbies*... Mostre que você é interessante e tem uma vida fora da empresa.

34. Recebi flores de um cliente da empresa – como responder?

Receber flores após um projeto bem-sucedido ou metas ousadas cumpridas é uma forma de apreciação e admiração, simbolizando o quanto aquele negócio é importante para clientes e fornecedores.

Ao receber um lindo buquê de flores, você pode querer mostrar sua gratidão com mais do que um simples telefonema, mensagem ou e-mail. Cartas ou cartões de agradecimento mostram que você se esforçou em criar algo especial para agradecer pelo presente e, na maioria das vezes, as pessoas adoram receber surpresas pelo correio! Tudo o que você precisa saber é como se referir à pessoa, o que incluir na mensagem e a maneira de enviar.

Adapte o tom de seu discurso de acordo com a situação e sua relação com a pessoa. Quem enviou as flores? Foi um cliente, fornecedor, colega de trabalho? O presente era pelo seu aniversário, por um feito profissional ou outra ocasião especial? Escolha as palavras apropriadas de acordo com o motivo do presente e o remetente.

Dicas de bom senso

- Em situações profissionais ou de pouca intimidade, dirija-se à pessoa de maneira formal. Caso o destinatário do cartão seja um conhecido do trabalho ou alguém com quem você só se encontrou algumas vezes, dirija-se a ele pelo nome, como "Caro Sr. Alves," ou "Cara Andrea Borges".

• Se as flores foram enviadas em nome de uma empresa ou por um grupo de pessoas, refira-se a todos os integrantes. Por exemplo, para dirigir-se a um grupo, você pode escrever: "Caros Edna, André, Marli e Jonas".

• Expresse sua gratidão pelas flores. Seja direto e agradeça à pessoa por ser atenciosa. Você pode se estender um pouco e falar o quão bonitas são as flores, mencionando o aroma, onde as colocou e o quanto você gostou da lembrança.

• Você pode enviar uma mensagem por e-mail ou pelo WhatsApp: "Muito obrigado pelas tulipas! Elas são tão lindas e suaves! Nunca tinha recebido um buquê tão delicado e perfumado. As cores realmente se destacam no escritório".

• Mantenha um discurso simples e breve em sua resposta. Construa um texto com um linguajar típico seu, ou seja, de forma que não soe enrijecido, falso ou que pareça que alguém escreveu aquele texto por você.

• Finalize a mensagem com um elogio, um agradecimento e assine seu nome. Encerre a mensagem com algo como "Sinceramente", "Cuide-se bem" ou algo do gênero. Use uma despedida que combine com sua relação com a pessoa.

• Escreva sua resposta em até três dias após ter recebido as flores. Reserve um tempo em seu dia para escrever o agradecimento. Dependendo de quem enviou o presente, enviar um cartão de agradecimento escrito à mão será fundamental para estreitar alianças profissionais.

• Se por algum motivo você não gostar do presente, agradeça da mesma forma e não seja rude nem use uma linguagem passivo-agressiva em sua mensagem. Não exagere nos agradecimentos, ou isso pode ser interpretado como sarcasmo – você recebeu flores, não uma viagem!

• Evite enviar panfletos, promoções ou propagandas relacionados a você ou a seu negócio junto com o cartão de agradecimento.

• Deixe as flores enfeitando sua mesa de trabalho, não as leve para casa. Afinal, você as recebeu por uma questão profissional, então é de bom-tom que fiquem na empresa.

35. Receber presentes na era do *compliance*

Compliance significa estar absolutamente em linha com normas, controles internos e externos, além de todas as políticas e diretrizes estabelecidas para seu negócio. O termo vem do inglês *to comply* e significa estar em conformidade. Na prática, o *compliance* tem a função de proporcionar segurança e minimizar riscos de instituições e empresas, garantindo o cumprimento dos atos, regimentos, normas e leis estabelecidos interna e externamente.

Costuma ocorrer uma distribuição de presentes e brindes como forma de prestigiar as relações comerciais entre empresas ou entre empresa e cliente, sendo essa prática uma das mais tradicionais no mundo corporativo. O hábito de presentear aqueles com os quais se fazem negócios é antigo e existe no mundo inteiro.

Presentear amigos e familiares ou retribuir uma gentileza são atos comuns e saudáveis. Mas, no ambiente corporativo, pode dar espaço a interesses secundários. Com o *compliance*, acabou a "festa" dos brindes, viagens, presentes especiais, jantares e gentilezas trocadas entre clientes e fornecedores nas empresas.

Para evitar mal-entendidos, sugere-se transparência ao oferecer um presente, deixando claro ao presenteado o objetivo da referida propaganda de seu produto ou serviço. Por isso, quando são brindes de baixo valor com o logo da empresa ou peças de marketing de um produto são bem-vindos.

E o vinho caro? A viagem para Cancún? O relógio de marca, ou uma joia valiosa? Ou mesmo a tradicional cesta de Natal? Como afastar do presenteado a sensação do "dever de retribuição"? Essa contrapartida pode se vincular aos negócios, a uma eventual preferência de compra, à aceitação de um produto de qualidade inferior à contratada, a uma concessão de licença ou outro favorecimento, enfim, a obtenção de uma vantagem indevida pode se sobrepor à simples ação de presentear.

Mesmo com a intenção genuína e inofensiva, é inegável o risco da aparência negativa, com efeitos imediatos na imagem de quem oferece. Basta um gesto impensado para destruir em segundos a reputação construída por anos.

Nesse contexto, o *compliance* assume papel fundamental. Para proteger a organização e seus funcionários, deve estabelecer políticas claras, justas e transparentes de como tratar esse assunto e atuar diretamente no convencimento dos funcionários.

Dicas de bom senso

- É de responsabilidade da empresa estabelecer critérios e regras, explicar o que é aceitável e o que não é dentro da organização. Pode também enviar uma explicação a seus fornecedores e clientes sobre suas políticas e, de maneira gentil, incentivá-los a adotar práticas similares.
- Cabe à empresa oferecer aos funcionários os instrumentos adequados para o devido cumprimento dos critérios estabelecidos, evitando situações adversas.
- O funcionário que receber um presente de alto valor, contrário à política interna da empresa, deve devolvê-lo. Mas e o constrangimento? E as boas intenções de quem presenteou? Como será a reação da pessoa envolvida? Não se preocupe com isso. Ao contrário do que se possa pensar, uma mensagem dessa natureza ao mercado costuma ser muito bem recebida, pois trata dos princípios éticos da empresa, convida os parceiros à reflexão e constrói uma relação de confiança, dificultando atitudes inadequadas.
- Não desafie a cultura empresarial, nem tente burlar as regras do *compliance*. Não se trata de chatice nem de mera burocracia. O controle sobre a oferta e o recebimento de presentes e brindes é um meio de evitar a ocorrência ou a percepção de corrupção (pública e

privada) e conflitos de interesse. Além disso, a limitação de presentes pessoais pelas empresas tem, em sua origem, uma conexão genuína com o ideário de mercado: a noção de que é a excelência dos produtos e serviços prestados o motor do sucesso empresarial – e não presentes pessoais.

- Sua empresa poderá separar as regras de presentes em três grupos: os itens proibidos tanto de receber quanto de ofertar; os itens que podem ser recebidos ou ofertados, desde que haja notificação à instância determinada; e os itens que podem ser recebidos ou ofertados desde que limitados a certos valores e/ou condições.

36. Elevador não é só uma questão de botões e andares

Engana-se quem pensa que elevador é só uma questão de botões e andares. Entrar num ambiente tão pequeno como o de elevador requer algumas atitudes que demostram se você é ou não uma pessoa educada.

Na correria e tensão do dia a dia, as pessoas muitas vezes se distraem e fazem as coisas sem perceber. Talvez você mesmo já tenha agido, dentro de um elevador, de forma que tenha incomodado alguém.

Dicas de bom senso

- Ao entrar no elevador, cumprimente as pessoas, promovendor um ambiente mais agradável. Espere as pessoas saírem do elevador, antes de entrar nele. É importante não bloquear a passagem: fique ao lado da porta e não em frente a ela! Além de educada, essa atitude é inteligente, já que resulta no conforto de todos e facilita o fluxo de pessoas. É muito irritante tentar sair do elevador e ser impedido pelas pessoas que querem entrar nele.

• Segure a porta do elevador para outros sempre que possível. Você pode até estar com pressa, mas o ganho de tempo de alguns segundos é insignificante. Assim sendo, aproveite a oportunidade para demonstrar gentileza, o que tornará o ambiente social mais cordial.

• Evite ficar de bate-papo segurando a porta do elevador. Lembre-se de que as pessoas geralmente estão com pressa e podem ficar irritadas; e você vai tornar a vê-las.

• Se você estiver dentro do elevador e outras pessoas entrarem, pergunte o andar para onde vão e aperte o botão para elas.

• Promova a ordem no elevador respeitando a fila e as regras. Aguarde a chegada com calma e permita que quem já estava aguardando antes de você entre primeiro. Além disso, dê a preferência a gestantes, idosos e pessoas com crianças de colo.

• Sempre respeite o número máximo de pessoas permitido no elevador. Se estiver lotado, espere pelo próximo. Caso você esteja em um elevador com a capacidade máxima de pessoas e perto da porta, saia da cabine para facilitar a entrada e a saída de passageiros e depois entre novamente.

• O elevador é coletivo. Portanto, caso esteja falando no celular, encerre a chamada antes de entrar na cabine. Se estiver conversando com alguém, diminua o tom de voz ou interrompa a conversa. E nunca use palavrões, pois ninguém é obrigado a participar do assunto alheio ou escutar conversa vulgar.

• Não fique muito próximo das outras pessoas, nem as encare. Isso pode ser realmente muito constrangedor em qualquer lugar, ainda mais em um ambiente fechado.

• Cenas fortes são proibidas. Guarde carinhos e beijos apaixonados para ambientes reservados. Evite constranger outras pessoas. Isso também vale para quando o casal está só no elevador – a maioria deles tem câmera. Todo cuidado é pouco: ajeitar a roupa ou o cabelo está liberado, mas pare por aí.

• Auxilie os outros sempre que necessário. Se uma pessoa com deficiência ou necessidades especiais estiver desacompanhada, pergunte se precisa de ajuda.

• Cuidado com o excesso de perfume. Em ambientes fechados, isso nunca é bom.

• Colabore com a limpeza e a conservação dos elevadores. Não cole nada, nem rabisque as paredes. Não se alimente dentro da cabine também.

• O transporte de volumes deve ser feito pelos elevadores de carga/serviço.

37. Posso vender produtos dentro da empresa?

Boa parte dos brasileiros, para equilibrar as finanças, vende produtos no local de trabalho. Desde os tradicionais catálogos de cosméticos até doces, roupas e artigos importados, as opções para garantir um extra no final do mês são diversas.

Muitos empregadores se incomodam com essa "feira livre" dentro do local de trabalho. E não é para menos: a atividade paralela tira o foco do trabalhador de suas atribuições de rotina, interferindo em sua produtividade.

Quando a empresa admite um funcionário, está contratando sua força de trabalho em troca do salário. Dessa forma, espera-se que o funcionário trabalhe com dedicação e esmero e não se dedique a atividades alheias que possam prejudicar o serviço.

Dicas de bom senso

- Cada caso é um caso! Saiba entender o ambiente em que está inserido, se realmente aquela venda de produto ou serviço feito é cabível no local de trabalho. Prestei consultoria em uma empresa do ramo da engenharia em que uma funcionária, que também era manicure, utilizava o horário de almoço para atender outra funcionária, fazendo mão ou pé. Acontece que elas escolheram a área do café para fazer isso, o que não era nada higiênico. Outros funcionários reclamaram, a manicure foi advertida e teve que parar de prestar os serviços. Quando conversou comigo, ela estava convencida de ter sido vítima de perseguição na empresa, e expliquei que esse não era o caso.

- Certifique-se de que sua atividade "extra" não comprometa nem prejudique o bom andamento dos trabalhos na empresa. Não vale deixar de entregar algum trabalho, chegar atrasado na reunião ou até mesmo passar cartão computando hora extra por causa do tempo que ficou dedicando às vendas paralelas na empresa.
- Peça uma autorização por escrito da empresa para comercializar seus produtos, para evitar problemas. Se a empresa entender que a comercialização não prejudica seu trabalho, retira-se a gravidade da conduta e, portanto, não se configura a demissão.

O que diz a Consolidação das Leis Trabalhistas sobre vendas no local de trabalho? Segundo o artigo 482 da CLT, a negociação habitual por conta própria ou alheia sem permissão do empregador é motivo para demissão por justa causa quando for prejudicial ao serviço ou caracterizar concorrência à empresa para a qual o empregado trabalha.

38. Você participa de grupo de WhatsApp com conteúdo inadequado?

Este tópico não estava programado para este livro, mas acrescentei pela repercussão de um *post* que fiz em minha rede social. Falávamos sobre violência contra a mulher e comentei que existe um problema estrutural na mente dos homens, algo enraizado a respeito da visão que os homens têm sobre as mulheres. Uma das formas pelas quais essa violência chega à sociedade começa com uma simples brincadeira de conteúdo pornográfico que circula nos grupos masculinos de WhatsApp, que é uma semente perniciosa plantada na cabeça dos homens.

Vou explicar melhor. Participa-se de um grupo de WhatsApp contendo conteúdo pornográfico, fotos eróticas, comentários sexistas com intuito de entreter os homens, porque "é coisa de homem".

Entendo que são comentários "inofensivos" e o fato de escrever sobre eles não indica que perdi meu senso de humor, que sou politicamente correta, muito menos que sou "sensível demais", estou na TPM, sou chata, "mal comida" (essa é clássica), mal amada ou exagerada (pensamentos que também têm cunho machista). Significa que chegou o momento de encararmos que o machismo ainda está enraizado na empresa e que precisamos crescer de uma vez por todas.

Ter atitudes e pensamentos machistas não significa que você seja uma pessoa horrível, mas saiba que está reproduzindo o que nossa sociedade tem como norma; está na hora de prestar atenção nisso para não repetir. É um longo processo de desconstrução. Vai ser chato. Mas tem que acontecer.

Dicas de bom senso

• Seu amigo postou a foto de uma mulher nua, com a qual ele teve relação sexual, para mostrar no grupo o quão poderoso é (sempre num tom de brincadeira, é claro). Ele tirou a foto sem que a mulher percebesse, e jogou no grupo com um comentário bem caloroso sobre o corpo alheio. Saiba que isso é crime! Mesmo que você não envie, ou compartilhe fotos de mulheres nuas, você estará compactuando com o crime que seu amigo está cometendo. Saia desse grupo imediatamente e pare com isso.

• Se uma mulher enviou uma foto erótica para você, seja atendendo a um pedido seu, seja porque quis, não importa, isso não dá a você o direito de compartilhar o conteúdo sem prévia autorização. Isso também é crime.

• Existem outros assuntos, além de sexo, que os homens podem e devem compartilhar nos grupos e comunidades dos quais participam. É importante expandir a mente e parar de atribuir atitudes machistas ao "instinto masculino", com a desculpa de que "homem é assim mesmo". Esse tipo de pensamento tem sido normalizado por muito tempo e, há apenas algumas décadas, esse comportamento é problematizado. Está na hora de expandir.

• É preciso parar de classificar e separar mulheres que são para casar e outras que são somente para se divertir. Isso coloca a mulher como um objeto a ser escolhido e esse tipo de comentário contribui para aumentar a violência na sociedade.

• A mulher contratada como funcionária de empresa é uma profissional, independentemente do gênero, cor, etnia ou orientação sexual. Um conjunto de comentários machistas torna "pesado" um ambiente que não é frequentado só por homens. Ouvir piadinhas pelos corredores como "capricha no decote pra ganhar o cliente", "aproveite que está de saia e peça o que quiser", ou ainda "além de inteligente é bonita" – e similares –, não é nada agradável para as mulheres.

• As conquistas profissionais também não dependem do *status* de relacionamento. O fato de estar solteira ou divorciada, não pode atribuir à mulher o *status* de "encalhada, mal amada, infeliz" e afins. Ter alcançado um cargo estratégico e especial, também não significa que foi em decorrência de ter tido relações sexuais com alguém da empresa.

• Não se deve cortar uma mulher do processo seletivo para uma promoção a um cargo de maior responsabilidade porque talvez, em um futuro próximo, ela possa ser mãe. Também queremos ajuste salarial adequado; afinal, não é justo que as mulheres ganhem, no Brasil, 30% a menos que os homens, desempenhando as mesmas funções e atingindo as mesmas metas.

• Existem sim, diferenças fisiológicas entre homens e mulheres e respeitamos isso. Há uma responsabilidade da maior importância no exercício da liderança, que precisamos ter sempre em mente, quando há homens e mulheres trabalhando no mesmo time: "Em se tratando de competência e desempenho, não há diferenças de gênero. Somos iguais". O mercado de trabalho é de quem comprova competência e ponto-final!

39. Minha vida deveria parecer melhor na rede social!

"Estes deveriam ser os melhores anos da minha vida e veja onde estou, ainda nem consegui ser efetivado!" Você se surpreenderia com o número de e-mails que recebo semanalmente de profissionais que comparam suas carreiras com *posts* alheios das redes sociais.

Muitos jovens profissionais sentem que, por meio das redes sociais, suas vidas são avaliadas, até julgadas, diariamente. Admitem, com relutância, que ao longo de horas ficam postando fotos e comentários, percorrendo o *feed* repetidas vezes, tentando perceber como sua própria página está sendo vista, quantas curtidas ganhou e quem foi que curtiu.

Em uma espécie de autopublicidade, buscam mostrar a melhor versão de si mesmos. Afinal, parecer bem-sucedido na vida virtual é bem mais fácil do que sê-lo na vida real, de fato. O pior é que acham que são os únicos a fazerem essa confissão. Mas não são!

Tanto o Instagram, quanto qualquer outra rede social, têm o poder de ajudar as pessoas a se sentirem mais conectadas e menos sós. O objetivo inicial é resgatar amizades antigas, para os mais velhos; para os jovens, é muito útil para fazerem novas amizades. Porém, as pesquisas mostram que, em média, os usuários passam mais tempo olhando as páginas dos outros, do que postando conteúdo próprio. Seria algo como uma "vigilância social".

A sensação perigosa, a meu ver, está na comparação com os outros, principalmente no que diz respeito a carreira e trabalho. O pior é que sentem a necessidade de receber uma curtida por qualquer tarefa realizada na empresa; afinal de contas, há centenas de "amigos" que nunca viram na vida real, cujas atualizações diárias lembram a eles quão gloriosa e bem-sucedida a vida deveria ser.

"Eu me sinto satisfeito com minha carreira e conquistas diárias até olhar as redes sociais e ver o que as outras pessoas estão fazendo." A maioria dos jovens não cai na armadilha de comparar suas vidas com as das celebridades, mas mesmo assim trata as imagens e postagens dos colegas do Instagram como reais.

Muitos jovens, em vez de se sentirem conectados e fortalecidos com a Internet, se sentem desamparados e pressionados a ter sucesso rapidamente. E haja crise de ansiedade pela cobrança surreal do ideal de sucesso que criaram.

Gosto muito das redes sociais e das facilidades que o mundo virtual me proporciona, mas vou listar aqui algumas particularidades do mundo real que tenho compartilhado com muitos jovens profissionais:

– A taxa de desemprego do Brasil é alta e real. Fique ligado e se lembre da famosa frase popularizada por Milton Friedman: "Não existe almoço grátis";

– A maior parte das pessoas tem vidas comuns e não há nada de errado nisso;

– A maioria dos empregos e das empresas por onde passo não combinam com as festas e as vidas que vejo nas redes sociais;

– Sua vida adulta começa pelos vinte e poucos anos e

não vai dar para colher tantas glórias nessa idade sem ter plantado nada;

– Os salários iniciais são baixos para recém-graduados e para aqueles que não têm experiência profissional;

– Você irá ganhar um salário baixo como estagiário e existe uma grande probabilidade de estar desempregado quando sair da faculdade;

– No início da carreira você, provavelmente, desempenhará mais tarefas chatas do que legais;

– O fato de executar tarefas chatas, manuais ou mecânicas não rebaixa, nem impede alguém de desenvolver seu potencial;

– Você é o único que vai construir e trilhar sua caminhada de carreira.

Dicas de bom senso

• Cobre-se menos e faça mais. Estabilizar-se é muito diferente de acomodar-se.

• Saia da rede social e toque sua vida real!

40. Cultura do cancelamento

A cultura do cancelamento, ou *cancel culture*, é uma espécie de justiça social, na qual uma pessoa é excluída de uma posição de influência ou fama por ter cometido algum erro. A expressão ficou famosa em 2019 e costuma ser utilizada em relação a boatos da internet ou comentários nas redes sociais.

O movimento hoje conhecido como "cultura do cancelamento" começou, há alguns anos, como forma de chamar a atenção para causas como justiça social e preservação ambiental. Seria uma maneira de amplificar a voz de grupos oprimidos e forçar ações políticas de marcas ou figuras públicas.

Funciona assim: um usuário de mídias sociais como Twitter, Facebook ou Instagram presencia um ato que considera errado, registra em vídeo ou foto e posta em sua conta, com o cuidado de marcar a empresa empregadora do denunciado e autoridades públicas ou outros influenciadores digitais que possam amplificar o alcance da mensagem. É comum que, em questão de horas, o *post* tenha sido replicado milhares de vezes.

A cascata de menções a uma empresa costuma precipitar atitudes sumárias para estancar o desgaste de imagem, sem que a pessoa sob ataque possa necessariamente se defender amplamente. Nem sempre, porém, o autor do cancelamento tem razão, e pode acabar julgando e forçando uma sentença que lhe agrade, muitas vezes deixando a imparcialidade de lado. Na internet foi atribuído poder a quem tem mais visibilidade.

O "cancelamento" é um ataque à reputação que ameaça o emprego e os meios de subsistência atuais e futuros do cancelado. Extremamente frequente nos Estados Unidos, ela hoje abate personalidades e também anônimos.

Você não precisa ser famoso ou político para ser publicamente envergonhado e permanentemente marcado: tudo o que você precisa fazer é ter um dia particularmente ruim e as consequências podem durar enquanto o Google existir.

Dicas de bom senso

- Jamais aja no calor da emoção. Antes de sair divulgando nas redes um mau atendimento que vivenciou, uma insatisfação com telemarketing ou qualquer experiencia ruim, acalme-se.

- A cultura do cancelamento pode fazer parte dos fatores de risco para a saúde mental. Nesse sentido, pode se tornar gatilho para o agravamento de transtornos mentais, desde ansiedade, depressão, pânico com ou sem consumo de substâncias, entre outros aspectos. É importante que a pessoa tenha uma rede de apoio que possibilite o restabelecimento da situação e também um olhar que possibilite a ressignificação da experiência para que consiga compreender o que está vivenciando, se conscientizar e superar.

- Por ser algo recente, a questão do cancelamento tem sido muito pouco estudada cientificamente. Nós não temos ainda a dimensão do quanto isso pode afetar a saúde mental das pessoas, mas os relatos esporádicos que existem por aí não são favoráveis. O cancelamento pode ser drástico e fatal, principalmente quando pensamos em adolescentes, que estão em um período da vida permeado de incertezas e inseguranças, ou mesmo em pessoas diagnosticadas com ansiedade ou depressão, sem o respaldo emocional necessário para enfrentar adversidades.

- Apontar os erros de alguém e criticar suas atitudes não deveria escalar para o cancelamento, principalmente quando se trata de uma pessoa desconhecida e sem recursos para fazer sua voz e seu lado da história serem ouvidos. O diálogo, a argumentação e a possibilidade de mudar de opinião sempre são saídas que engrandecem. Quem nunca errou?

41. Minha carreira e as danças do TikTok

Com quase 700 milhões de usuários ao redor do mundo, o TikTok vem ganhando espaço como um canal de entretenimento.

A rede que inicialmente teve como missão "inspirar a criatividade e trazer alegria", agora reúne, não apenas desafios de dança, vídeos com imitações e tutoriais, mas também postagens com dicas até sobre carreiras e habilidades profissionais.

De olho nesse movimento, a plataforma está testando um recurso que permitirá que os jovens usuários do aplicativo encontrem oportunidades de emprego.

Alinhadas a essa tendência, algumas corporações já estão recrutando pelo TikTok. Essas empresas estão buscando um perfil criativo, um profissional que queira fazer coisas novas e superar limites.

De acordo com dados do próprio app, 67% dos TikTokers têm menos de 25 anos e fazem parte de uma comunidade que apoia a diversidade e a autenticidade. São essas características que atraem olhares de empresas que procuram perfis jovens, inovadores e criativos.

A lógica que está se estabelecendo pelos jovens é a de que, se as corporações estão em busca de autenticidade e originalidade, é preciso que elas frequentem os ambientes em que possíveis candidatos estejam criando e se expressando livremente.

Os TikTokers não fazem apenas vídeos para entreter, mas também vendem opiniões, visões e habilidades de maneira única e inventiva. Quem se destaca em meio à chuva de publicações diárias não são aqueles que postam muito, mas os que sabem tirar do papel conteúdos que chamam a atenção por serem interessantes e genuínos.

Só o tempo dirá se o TikTok vai se consolidar como um ambiente para procurar talentos e achar vagas de emprego, mas é indiscutível que a rede tem um imenso potencial para ser um cartão de visitas interativo e original, e com ótimas oportunidades. Ainda há, porém, ressalvas em relação à imagem profissional.

A percepção da imagem profissional se constrói por meio de três pilares: a forma como você se vê, a forma como os outros veem você e a imagem que você gostaria de transmitir. Já aconteceu com você, depois de algum tempo que uma pessoa lhe conhece um pouco mais, dizer: "A primeira vez que eu vi você achei que era tão..., mas na verdade você é..."? Se já ouviu isso, o impacto que estava gerando nas pessoas não estava alinhado com sua verdadeira essência.

A exposição excessiva e muitas vezes inconsequente nas redes sociais está levando muita gente a tropeçar na carreira e a perder oportunidades no trabalho. Com essa necessidade de se sentir popular, alguns profissionais estão manchando suas carreiras pelo simples fato de não saberem a diferença crucial entre ser popular nas redes sociais e ser admirado na vida profissional.

Qualquer pessoa pode ser popular: basta aparecer, o que ocorre com qualquer um que realiza uma proeza, positiva ou negativa. A fama simplesmente destaca um fato, e não necessariamente está ligada a um sentimento de admiração ou estima.

A admiração e o prestígio, por sua vez só podem ser alcançados pelo reconhecimento de qualidades, requerem talento, resultados claros e *performance* de excelência.

Este capítulo está direcionado para quem trabalha em empresa, para prestadores de serviços e profissionais liberais, para aqueles que vivem no mundo corporativo e de negócios, lutam todos os dias por cargo e salário melhores e desejam aprender e crescer na vida profissional.

Dicas de bom senso

- Uma carreira de sucesso não se constrói na velocidade 5G! Se você deseja ser admirado e ter prestígio, tenha consciência de que isso levará tempo. Sua carreira será construída durante um longo período e é importante que suas ações sejam congruentes durante essa caminhada, ou seja, suas atitudes devem ser compatíveis com a imagem que você deseja transmitir.
- Nem toda exposição é positiva. É importante que você tenha em mente que ser viral nem sempre significa su-

cesso no mundo corporativo. Já atendi, nos processos de *coaching*, vários profissionais talentosos e com grande potencial que não entendiam por que suas carreiras não decolavam. Ao investigar melhor, perceberam que estavam mostrando algo que confundia, arranhava e contradizia a imagem de profissional confiável que sua carreira exigia. Por isso não eram promovidos na empresa, não vendiam mais e seu negócio não prosperava na proporção que poderia.

- Siga a regra de ouro: se está na dúvida sobre se deve postar ou não, não poste! Antes de postar algo nas redes sociais, é necessário pensar se você realmente quer que aquilo seja de conhecimento público. É algo que vai te ajudar na construção de sua carreira? Depois que vai para a Internet, não tem volta. E, muitas vezes, um comentário desnecessário ou uma foto que não devia estar ali podem causar um grande estrago.

Prefira construir uma carreira admirável e a popularidade virá como consequência. É possível ser admirado e popular, e esse prestígio construído é tão poderoso que mesmo com um eventual deslize, sua carreira ficará intacta. A popularidade por si só é vazia e passageira, a admiração é duradoura.

Considerando tudo o que abordamos, como você tem cuidado de sua imagem profissional? Qual rastro você tem deixado em sua carreira?

Cuidado para, ao arrasar nas danças do TikTok, não arrasar sua carreira!

42. Vamos encarar comentários nas redes sociais com mais seriedade?

Alguém duvida que as redes sociais precisam ser encaradas com mais seriedade?

É fato que o ato de curtir, nas redes sociais, comentários feitos por outra pessoa considerados ofensivos à empresa em que trabalha já é motivo para demissão por justa causa, pois a justiça entende que é um ato de concordância com o que foi publicado.

Veja bem, será que somente o fato de curtir um *post* ou comentário significa que concordamos com o conteúdo?

Em minha opinião, nem sempre a curtida é sinal de concordância ou aceitação — pode ser apenas um meio de se solidarizar. Às vezes eu mesma curto publicações como forma de dar um alô a um amigo.

Por outro lado, quando o usuário clica em "curtir" ou "compartilhar" um *post* numa rede social, está ajudando a divulgar e a dar maior visibilidade àquela notícia.

Particularmente, acho injusto sermos avaliados na empresa por nossas curtidas nas redes, mas a realidade é outra e a Justiça do Trabalho não está preocupada com nossas opiniões, por isso temos que ficar atentos.

Ainda não sabemos usar as redes sociais de maneira estratégica. Até chegarmos a esse equilíbrio, teremos que tomar cuidado para não sermos prejudicados na empresa. Vale a ressalva de que sua preocupação não deve ser somente pelo fato de poder ser demitido da empresa e, sim, entender que você tem responsabilidades em todas as esferas nas quais tramita em sua vida. A Internet é terra de ninguém!

Há responsabilidade dos que compartilham mensagens e dos que sobre elas opinam de forma ofensiva. É importante frisar que liberdade de expressão não é total e irrestrita, possui limites.

O direito de livre expressão não é absoluto, podendo caracterizar abuso quando o discurso é inflamado pelo ódio, raiva ou até em razão de interesses obscuros. Portanto, internautas devem tomar muito cuidado com as postagens levianas, ofensivas e mentirosas, pois a pessoa ofendida poderá recorrer à polícia e à justiça para a garantia de seus direitos fundamentais, inclusive indenizatórios.

Dicas de bom senso

- Não curta publicações com críticas a sua empresa ou a qualquer profissional que trabalhe nela. Vamos combinar que ofender alguém não é divertido e ninguém gosta de ser ofendido; portanto, temos que acabar com essa prática.
- Não compartilhe conteúdo sem ler. É muito comum as pessoas lerem somente o título do texto ou o primeiro parágrafo e já compartilhar o *post*. Temos inúmeros exemplos de confusões geradas por falta de leitura e de entendimento do texto. Muitos não leem, não verificam a veracidade do que publicam e ainda querem opinar a respeito. Agir assim realmente não vai ajudar você em nada!
- Vale uma certa dose de seriedade antes de pensar em publicar um comentário, especialmente tratando-se da

imagem e de direitos de terceiros ou, no caso, da empresa na qual trabalha.

• Não seja um "corajoso virtual", aquele que se esconde atrás de um pseudônimo *fake* com intuito de destilar o ódio nos *posts* alheios. A regra é simples: se não gosta do conteúdo postado por alguém, pare de seguir essa pessoa e ponto final.

• Se o dono do conteúdo indesejado for seu amigo, você tem a opção de avisá-lo sobre a não veracidade do fato ou simplesmente de silenciar suas futuras publicações. Pare de achar que Internet é um ringue aberto e que você tem que opinar sobre tudo o que é postado.

Realmente, as redes sociais precisam ser encaradas com mais seriedade. Aquela linha divisória entre vida pessoal e profissional não existe mais e, por isso, temos que rever nossas atitudes para não sermos prejudicados em nossas carreiras.

43. Amigo secreto na empresa – preciso participar?

Sim, você precisa participar! Mesmo que se sinta desconfortável ou que tenha um desafeto "daqueles" no departamento e que não possa imaginar o que vai acontecer se tirar o nome dele no sorteio...

Embora algumas pessoas não gostem de participar desse tipo de brincadeira e isso não faça parte do contrato de trabalho, a recusa pode soar como uma falta de predisposição para a socialização com os colegas. Lembre-se de que até mesmo no amigo secreto você está sendo avaliado pelo chefe e colegas da empresa. É um evento social e confraternizar faz parte do trabalho também.

As únicas justificativas aceitáveis para não participar são estar em uma fase realmente sem dinheiro (pode estar montando um apartamento ou ter tido uma despesa inesperada) ou saber que, na data combinada para a festa, estará fora da cidade.

Dicas de bom senso

- Não pule de alegria nem demonstre frustração ao ler o nome do amigo sorteado. Em hipótese nenhuma peça para trocar. Já pensou o que vai acontecer se não toparem a troca? As pessoas certamente vão observar sua reação e ligar os fatos quando você revelar o segredo.

- E o valor do presente? Nem o mais caro e nem o mais barato. Essa gafe é muito fácil de evitar. Se está combinado que o presente de amigo secreto deve estar em determinada faixa de preço, por favor, não invente de gastar mais ou economizar com isso. Se economizar, seu amigo vai se sentir lesado, com razão. Se gastar mais, principalmente se for presentear o chefe, vai parecer bajulação. O ideal é tentar passar uma lista de dicas de presentes e estipular um valor médio. Assim, não tem como errar.

- Se você deu a sorte de tirar seu amigo do coração no sorteio, a regra do preço continua valendo. Se você fizer questão de dar um presente mais caro para ele, faça isso fora do evento corporativo, de preferência até fora da empresa, ou muito discretamente.

• O que dizer na hora do discurso? Minha sugestão é que você descubra características do colega para falar no discurso. Aposte em destacar a área em que a pessoa trabalha e sua formação, mas nunca destaque características negativas ou revele segredos da pessoa.

• Não queira ser engraçadinho. Evite comprar presentes para fazer graça, mesmo que tenha intimidade com a pessoa presenteada. Algumas brincadeiras podem ser muito malvistas. Entre os campeões das gafes estão itens de *sex shop* ou algum item que a pessoa considera ridículo ou extremamente brega. Lembre-se: depois que você faz a brincadeira, não tem como consertar.

• Evite o consumo de álcool na comemoração. Muitas vezes o amigo secreto da empresa é no horário de almoço. É recomendável evitar bebidas alcoólicas. Sempre tem alguém que sugere uma bebidinha, mas, se a sugestão não partir do chefe, é melhor recusar. Já se o próprio chefe convidar para um brinde, tudo bem, você pode brindar, mas não vá além disso: você ainda vai voltar para o trabalho.

• Entre de coração na brincadeira. Sabe aquela velha máxima: "quem entra na chuva é para se molhar"? Pois então, se você está no amigo secreto, participe das atividades, escolha o presente com atenção, divirta-se. Vai durar uma hora (ou duas, talvez), então aproveite o momento!

44. Como pedir recomendação no LinkedIn?

As redes sociais têm exercido um papel bastante importante no processo de contratação de novos profissionais, sobretudo o LinkedIn. Nesse sentido, as recomendações em seu perfil são uma das melhores ferramentas para o fortalecimento da credibilidade da sua imagem no mundo virtual.

O LinkedIn é uma excelente plataforma para conseguir novos clientes e se destacar como bom profissional. Uma das estratégias mais interessantes é o sistema de recomendação. Com ele, os usuários ganham depoimentos de outros a fim de atestar suas competências.

Ser recomendado é uma boa forma de conseguir melhorar a reputação profissional. Assim como no mundo *off-line*, as indicações são poderosas para convencer clientes e destacar um nome em meio a vários. Isso confere credibilidade às informações dispostas no perfil e confirma o que os certificados e a biografia já afirmaram, tornando a descrição mais completa.

Assim, as pessoas que procuram por profissionais têm mais informações para analisar e estudar sobre você. A descrição e o depoimento de outros usuários geram credibilidade e remetem a experiências práticas nas quais suas habilidades foram fundamentais. Esse fator é determinante para que os contratantes encontrem valor no perfil.

Além disso, um perfil com recomendações tem maior chance de destaque no algoritmo de busca do LinkedIn e logo aparece para mais interessados. Com essa maior visibilidade, fica mais fácil alcançar seu objetivo profissional.

O sistema funciona basicamente assim: o usuário deve solicitar um depoimento para um dos amigos da rede com uma mensagem e, então, a pessoa escreve, se desejar. Por essa razão, é importante saber como pedir, quando e a quem pedir, para não parecer incisivo demais nem ser ignorado com facilidade.

Muitas pessoas, porém, não se sentem confortáveis em pedir recomendações no LinkedIn por diversos motivos. O que posso dizer para você que está nessa situação é que o LinkedIn é uma rede de *networking* profissional feita para isso.

Se você respeitar o próximo e tiver bom senso ao decidir para quem pedir e como pedir, sua solicitação será muito bem-vinda, acredite!

Dicas de bom senso

- As recomendações devem vir de quem pode realmente falar algo relevante sobre sua trajetória profissional e serve para que os recrutadores possam atestar suas competências e qualificações profissionais.
- Antes de começar a disparar pedidos para seus contatos, pense na estratégia mais correta a adotar. Mais do que pedir uma recomendação no LinkedIn – tal como acontece com as recomendações "tradicionais" –, é importante que saiba a quem pedir, para que essas recomendações possam efetivamente ser um reflexo de sua experiência profissional e de suas competências.
- Entre em contato previamente com a pessoa para quem vai pedir a recomendação em vez de solicitar

diretamente a recomendação no LinkedIn. Isso não é obrigatório, mas, conversando antes com a pessoa e explicando sua intenção, você provavelmente terá mais chance de conquistar sua recomendação. Dependendo do grau do relacionamento, fica um pouco estranho enviar um pedido de recomendação se você não mantém contato há algum tempo, não é?

- Uma estratégia interessante para conseguir falar com pessoas muito ocupadas é enviar uma mensagem por e-mail. Às vezes, o LinkedIn dessa pessoa já está cheio de solicitações e, por essa razão, sua mensagem pode não ser visualizada. Ao contactar por e-mail, você consegue uma chance maior de ser lido pelo usuário. Além disso, o e-mail é mais profissional e focado em mensagens cordiais e formais, o que é o tom ideal para esse tipo de solicitação.
- Não há um período específico para pedir recomendações, mas é interessante que o usuário fale com as pessoas logo após o fim de um projeto específico com elas, pois, assim, é possível garantir que os outros usuários vão lembrar bem dos seus serviços e escrever algo interessante.
- Depois de obter as recomendações, certifique-se de enviar uma nota de agradecimento e, caso se justifique, retribua o feito.
- Preocupe-se com a qualidade, não com a quantidade! Peça recomendações, avalie todas as que receber e escolha as melhores. Se você receber uma recomendação

que não seja legal, não se preocupe; é possível escondê-la em seu perfil do LinkedIn e deixar visíveis apenas as mais bacanas.

Mais importante do que tentar conseguir uma dúzia de recomendações é conseguir depoimentos que atestem competências diferentes em diferentes fases de sua vida.

45. Você sabe demitir? Aprenda este passo a passo

A demissão faz parte do jogo corporativo. Da mesma forma que todo profissional pode ser contratado, pode permanecer no cargo e até mesmo promovido, também pode ser demitido a qualquer momento.

É bom ressaltar que a demissão não necessariamente acontece somente quando a empresa passa por momentos de crise e nem sempre representa algo ruim. Vejo e acompanho inúmeros profissionais cuja demissão foi o empurrão necessário de que pessoa precisava para crescer na vida, mas isso é tema para outro momento.

Quero falar com aquele que tem a responsabilidade de informar o profissional sobre seu desligamento. Quais são os cuidados que líder deve ter para que o processo de demissão fique menos traumático, tanto para quem conduz quanto para quem irá receber a notícia?

Demitir alguém não é algo agradável a se fazer, e raras são as empresas que ensinam seus gestores sobre como conduzir esse processo. Como resultado, o líder despreparado fala o que não deveria no momento da demissão e o demitido se sente desrespeitado, o que pode até gerar uma ação trabalhista em decorrência de uma demissão mal conduzida.

A demissão deve ser conduzida pelo chefe direto do profissional e não por alguém do RH. A área de Recursos Humanos é fundamental para apoiar e munir o gestor de todas as informações necessárias para que a demissão seja feita de forma adequada e correta, mas quem é o responsável por conduzi-la é o líder.

Afinal, se foi o líder que decidiu pela contratação daquele profissional, se foi o líder que cobrou metas todos os dias, que deu *feedback* sobre o trabalho e conviveu com o colaborador na empresa, na hora da demissão é o líder que deve conduzir também. Faz parte da atribuição de qualquer cargo de liderança.

Por onde passo, muitos líderes dizem que "não gostam" de demitir e por isso deixam a tarefa árdua para área de Recursos Humanos. É o pior erro que um líder pode cometer em sua carreira, pois demonstra desrespeito com o demitido. Qualquer líder que não é capaz de lidar com a situação delicada de uma demissão deveria abrir mão do cargo, pois não está preparado para o exercício da liderança.

A demissão não deve ser a primeira alternativa. Ofereça um prazo para a pessoa tentar rever suas atitudes e avise que ela estará em um período de "mudança". Se após esse período de ajuste a decisão tomada for pelo desligamento, é bom seguir um passo a passo para fazer o processo da melhor maneira possível:

– A empresa deve ter uma política clara para as demissões, para evitar situações arbitrárias. O processo da demissão deve ser planejado detalhadamente; nesse ponto, o suporte da área de RH é fundamental;

– Nunca tome medidas burocráticas antes da demissão oficial, como cortar acesso do crachá de entrada na empresa ou retirar o usuário da Intranet. Peça para o RH informar a data exata em que você pode efetuar a demissão e aja em conjunto com a área. A folha de pagamentos de sua empresa tem data certa para fechar, e conduzir a demissão em data diferente da que foi informada pelo RH resultará em encargos extras para sua empresa;

– Evite excesso de confiança e não deixe a informação vazar. Faça um *backup* de todos os arquivos do funcionário antes de comunicar a demissão. Isso é procedimento de segurança do patrimônio intelectual da organização;

– Nunca comunique a demissão por telefone, SMS, WhatsApp, "listas" ou telegramas. A demissão deve ser feita pessoalmente, assim como a admissão;

– Convoque o demitido para uma reunião curta, de cerca de 10 minutos. Trata-se de uma reunião informativa e não de negociação. O momento de discutir, negociar e acordar novos comportamentos já aconteceu quando o líder forneceu *feedbacks* sobre o trabalho. Agora é só o momento de comunicar o que foi decidido;

– Dê a notícia na parte da manhã e de preferência numa segunda-feira. Muitas demissões acontecem na sexta-feira e na parte da tarde. O dia da demissão será chato mesmo, independentemente de qual dia da semana é, mas se o processo se der em uma segunda-feira, o demitido pode imediatamente sacudir a poeira e começar a procurar uma nova posição, em vez de ter de esperar pelo final de semana inteiro. E por que de manhã? Porque não é legal deixar o profissional trabalhar o dia todo e demiti-lo ao final do expediente!

– Tenha sempre em mãos todos os cálculos necessários para informar ao demitido sobre os valores que ainda tem a receber. O primeiro pensamento que vem à mente do demitido é saber de quanto dinheiro vai poder dispor. O RH poderá fornecer todas as informações referentes ao banco de horas, férias, horas extras etc.

– Explique claramente o que precisa ser devolvido e o que pode ficar com o demitido. É nesse momento que você deve informar se *laptop*, celular, crachá, uniforme etc. devem ou não ser devolvidos;

– Esteja pronto para responder perguntas como "Posso voltar para minha mesa?". Apresente um roteiro do que a pessoa deve fazer assim que deixar a reunião;

– Faça a pessoa demitida assinar a documentação antes de deixar a sala em que está reunida com você. A área de Recursos Humanos é responsável por providenciar esse documento. Se o demitido se recusar a assinar, chame uma testemunha para fazer isso;

– Informe as pessoas da equipe imediatamente após conduzir a demissão. Normalmente, no momento em que estiver conduzindo a demissão, ninguém de seu departamento estará trabalhando, todos estarão comentando, preocupados com o corte e cogitando se haverá mais demissões. Comunique que houve o desligamento de um profissional (não precisa entrar em detalhes do motivo), que a empresa deu toda a assistência e que não haverá mais demissões. Assim, todos poderão vivenciar o "luto" e logo voltar ao trabalho;

– Cuide da comunicação oficial interna e externa. Informe a todos da empresa, aos fornecedores e clientes que aquele profissional não faz mais parte do quadro de funcionários e comunique o nome do novo responsável pela atividade.

Dicas de bom senso

• Prepare-se para administrar a reação emocional do demitido. Se ele se descontrolar, mantenha-se calmo e não tente discutir. Saiba controlar seus próprios sentimentos. Desrespeito no momento da demissão pode trazer retaliações e arranhar a imagem da empresa no mercado.

• Reconheça o esforço e a dedicação do colaborador durante o tempo em que esteve na empresa, mas nada de elogios excessivos: afinal, trata-se de uma demissão.

Demitir alguém não é a tarefa mais agradável na empresa, mas faz parte do jogo corporativo. Depende de você tornar a demissão um processo menos traumático. Assim como sua empresa deve promover e valorizar quem merece e se destaca no trabalho, a demissão é uma alternativa para aqueles que não correspondem aos objetivos traçados.

Parte III

Situações do cotidiano

46. Relembrando pequenas regras de convivência

A cultura das regras de convivência deveria ser tema obrigatório nas escolas, desde os primeiros anos. A lista abaixo é bem conhecida, apesar de seu autor ser desconhecido. Vale a pena relembrar as regras gerais de convivência.

1. Abriu? Feche.
2. Sujou? Limpe.
3. Desarrumou? Arrume.
4. Acendeu? Apague.
5. Ligou? Desligue.
6. Não sabe como funciona? Não mexa.
7. Quebrou? Conserte.
8. Não sabe como consertar? Chame quem saiba.
9. Prometeu? Cumpra.
10. Falou ou fez? Assuma.
11. Ofendeu? Desculpe-se.
12. Não sabe como fazer melhor? Não critique.
13. Quer usar o que não lhe pertence? Peça licença.

14. Pediu emprestado? Devolva.
15. É de graça? Não desperdice.
16. Está usando algo? Trate-o com carinho.
17. Está fazendo algo? Faça com atenção.

47. Com licença, por favor, obrigado

Com licença, por favor, obrigado – pequenas expressões, mas que podem mudar totalmente o sentido de uma frase.

Esses dias presenciei uma cena dentro de um avião que me deixou intrigada. Estávamos todos os passageiros pegando as malas na esteira das bagagens e uma mulher me disse, com voz bem meiga: "Você pega essa mala para mim?". Fiquei olhando para a mulher meiga, e aguardando o complemento da frase, que não veio. Acabei pegando a mala para ela e disse: "Você se esqueceu de pedir por favor, não?", deixando a pessoa sem graça.

Essas são palavras de respeito, que nos são ensinadas desde que somos crianças, às vezes até sendo chamadas de "palavrinhas mágicas". Mágicas? Sim, mágicas, pois conseguem transformar o linguajar de uma pessoa de um jeito que de rude pode se transformar em respeitoso, e de apreço ao próximo.

Falo de respeito porque é algo que vem faltando em muitas pessoas. Esse é um valor que parece que deixou de ser ensinado. "Para que respeitar o outro se posso fazer do meu jeito, que é o que considero melhor?" Parece ser essa a mentalidade que se cria no ser humano. Isso não deveria acontecer. É muito bom respeitar e ser respeitado. Não se pode deixar de lado algo que faz bem por um "desvalor" mesquinho como o desrespeito.

Então, podemos ver que o respeito é algo fundamental. Adoro ser respeitada, duvido que exista alguém que não goste disso. Pois é, de tanto adorar, tento respeitar ao máximo meu próximo. A iniciativa de respeitar deve vir de nós mesmos.

Dicas de bom senso

- O respeito começa em casa. Devemos respeitar aqueles que nos criaram, sejam eles nossos pais, tios, avós, irmãos, sejam quem for. Pergunte a si mesmo: Tenho postura respeitosa em relação aos outros? Meço meu respeito dependendo da pessoa? É certo fazer isso? Gosto de ser respeitado? Respeito quem me respeita?
- Seja a pessoa o mais respeitosa possível. Por favor, com licença, obrigado, me desculpe, tudo isso torna uma frase mais bonita, que tal tentar usar? São expressões que provavelmente aprendemos na infância e que permitem que tenhamos bons relacionamentos com as outras pessoas, quer sejam nossos conhecidos ou não.
- "Por favor" é usado quando precisa pedir algo.
- "Muito obrigado" (ou "muito obrigada") é uma expressão de agradecimento quando alguém lhe fizer algum favor ou lhe der algo.
- Peça "desculpas" quando fizer algo que perturbe alguém, mesmo que não tenha sido proposital.
- Peça "licença" se precisar que lhe deem espaço para passar.

48. Pegar algo emprestado – e devolver!

Quando você empresta algo a um amigo, nem sempre o item é devolvido, seja por esquecimento ou porque a pessoa se acha no direito de ficar com o "presente". Muita gente tem vergonha de pedir de volta o que emprestou por não gostar dessa situação de confronto ou por medo de acabar perdendo a amizade. Para minimizar o estresse e ter seu pertence de volta – ou devolver algo que você pediu emprestado –, coloque em prática as dicas deste capítulo.

Dicas de bom senso

- Se você pegar algo emprestado de alguém, devolva o objeto na mesma condição em que o recebeu – se possível, até melhor.
- No momento em que pega algo emprestado de alguém, estabeleça um prazo para a devolução do item. É sua obrigação devolver o objeto antes que o dono o solicite de volta.
- O que foi emprestado precisa ser devolvido. Não é um presente, a menos que o dono diga isso explicitamente.
- Nunca empreste algo que não seja seu! Uma vez meu irmão emprestou meu disco favorito para uma colega de escola, sem minha autorização. Fiquei muito brava porque a pessoa era desleixada: além de demorar uma eternidade para me devolver, quando o fez o disco veio arranhado! Até hoje me lembro disso com tristeza: não se trata de quanto custa o produto e, sim, do seu valor sentimental.

- Caso a pessoa não devolva o objeto no prazo estabelecido, seja direto. O artigo é seu e não há motivo nenhum para você ter medo de pedir de volta. Mesmo que seu amigo esteja com o produto há bastante tempo, diga: "Quando vier à minha casa na próxima semana, traga aquele livro que está com você". Com esse tipo de abordagem, seja por vergonha ou por dever, ele vai devolver o item.
- Pergunte sobre o item. A pergunta faz com que a abordagem não soe como um confronto e, sim, como uma dúvida sua. O questionamento também vai deixar a pessoa mais segura na resposta, como se partisse dela a decisão de devolver. Por exemplo: "Você já terminou de ler aqueles livros do Harry Potter? Quando você terminar, preciso deles de volta"; "Estou procurando minha blusa de frio. Ainda está com você?"; "Você pode me devolver a bolsa vermelha que está em sua casa?".
- Entenda que as pessoas interpretam as coisas de maneiras diferentes. Algumas não entendem as deixas, ao passo que outras não reagem bem a confrontos. Use a melhor abordagem de acordo com a personalidade de cada indivíduo.
- Sempre que emprestar algo, tire uma foto para não esquecer o que está sendo emprestado e anote para quem emprestou.
- Não faça acusações, a menos que essa seja a única saída para reaver o item. É muito difícil provar que o objeto está com alguém, e você pode acabar perdendo o amigo em meio a essa confusão.

• Analise se o item vale mais do que a amizade. Coisas materiais podem ser substituídas; um bom amigo, não. Se você gosta da pessoa, é melhor esquecer seu pertence e conservar a boa relação de amizade.

• Seu amigo pode ter quebrado ou perdido o objeto que pegou emprestado de você. Pense nessa possibilidade. Se era algo tão importante assim, você não deveria nem ter emprestado.

49. Ainda moro com meus pais

Casa, comida e roupa lavada. A proposta é praticamente irrecusável e faz com que os filhos morem na casa dos pais por anos a fio. Alguns adiam tanto a saída da casa dos pais que só trocam o "pacote" por uma oferta que inclua todos os itens anteriores e alguém com quem dividir a vida.

Morar com os pais traz algumas óbvias vantagens, como economizar dinheiro com moradia, não precisar gerenciar todas as contas domésticas e, às vezes, nem mesmo cozinhar. A questão é que escolher não sair da casa dos pais deve ser fruto de uma decisão financeiramente estratégica e não apenas de comodismo.

O alto custo das grandes cidades, os casamentos tardios e a priorização dos estudos são alguns fatores que explicam o crescimento da chamada "geração canguru", título dado às pessoas de 25 a 34 anos que permanecem na casa dos pais.

Nos Estados Unidos, cerca de 33% da população entre 18 e 34 anos mora com os pais. No Brasil, se fizermos um corte etário entre 25 e 34 anos, chegamos à marca de 25% de pessoas que ainda não decidiram sair da casa dos pais.

Em uma época de recessão e desemprego, o caminho de volta para a casa dos pais torna-se uma opção natural para quem está com dificuldades de recolocação. Há ainda o benefício do amparo emocional familiar, bem como não precisar fazer comida todos os dias, não ter que cuidar sozinho de todas as contas, ter mais tempo para estudar etc.

No entanto, para quem tem um bom emprego e salário interessante, manter-se sob o mesmo teto dos familiares, do ponto de vista financeiro, só vale a pena para quem sabe poupar com o intuito de construir um patrimônio sólido.

Afinal, de que adianta pagar poucas contas e não ter que se preocupar com aluguel se toda essa economia é desperdiçada apenas em baladas e gastos supérfluos.

Este capítulo é direcionado para pessoas acima dos 30 anos que já trabalham, têm sua renda e ainda não decidiram sair debaixo das asas dos pais ou tiveram que voltar a morar com os pais em razão de divórcio complicado e recomeço de vida.

Dicas de bom senso

- Morar com os pais também tem seus percalços. Para começar, é preciso seguir as regras deles dentro da residência. Apesar de você ter nascido naquela casa, o local não é seu. Então não pode fazer o que bem entende. Isso significa, por exemplo, não convidar dezenas de amigos para ver um filme no sábado à noite sem permissão ou levar pessoas para dormir em seu quarto.

• Não pense que a vida é grátis! Morar com os pais tem um custo financeiro para eles. Disponha-se a pagar algumas contas da casa, seja do supermercado, de luz, da internet, de gás, de aluguel... Mesmo que seus pais gentilmente digam que não precisa, é de bom-tom contribuir com algo.

• Cuide da organização e da limpeza de seu espaço, bem como faça parte da divisão de tarefas domésticas. Você já é um adulto e a casa de seus pais não é um *resort* de férias.

• O único objetivo de ainda morar com os pais após os 30 anos é acumular dinheiro ou refazer sua reserva financeira para expandir patrimônio e conseguir um novo local para morar sozinho. Então, não se perca com as finanças.

• Aos que voltam a morar com os pais, tolerância e paciência serão fundamentais para não "azedar" as relações. Relevar comportamentos e manias das quais antes já não gostava é importante, porque elas provavelmente vão irritar você mais ainda. Seja paciente e gentil mesmo assim: afinal, você também tem atitudes e manias que provavelmente irritam seus pais também.

• Sua liberdade e privacidade praticamente não existem quando se mora com os pais. Por isso, tenha em mente que esse período será provisório e não definitivo, e faça com que seja mesmo.

• Embora haja vantagens (sobretudo a de acumulação de capital), teimar em não sair da casa dos pais quando sua vida lhe pede asas tem um preço. Se você quiser sair, evidentemente, também terá que se preparar financeiramente para tanto. Não há como escapar disso.

50. Frequentando a casa dos amigos

Hoje em dia, são raras as visitas às casas das pessoas. Normalmente, as pessoas combinam se encontrar em locais públicos ou passam correndo pela casa da outra pessoa, por conta de algum assunto urgente a tratar.

Nem todo mundo deve poder entrar em seu lar, porque ele é sagrado e muito especial. Então, receber um convite para visitar a casa de alguém indica que você é uma pessoa especial para quem o convidou.

Dicas de bom senso

- Na maioria das vezes, a possibilidade de levar ou não alguém é sempre explícita no convite. Caso esteja em um relacionamento novo, não há problema em perguntar se pode levar a pessoa com você.
- Evite atrasos superiores a 15 minutos. Muitas vezes, o anfitrião precisa de todos os convidados presentes para começar a servir, por exemplo.
- O ideal é se certificar de que não há problema em levar as crianças, principalmente se for uma visita noturna. Em caso de visitas costumeiras entre amigos íntimos, você pode perguntar e até oferecer sua casa para o encontro, se for mais cômodo para os filhos (seus e dos outros).

• Ninguém precisa providenciar um presente luxuoso ou caríssimo, mas é de bom-tom levar algo como um pequeno gesto de agradecimento. Podem ser flores, biscoitos caseiros ou até uma garrafa de vinho. Com certeza, você arrancará de seu anfitrião um grande sorriso.

• Pergunte se precisa colaborar com algo. Em caso de resposta negativa do anfitrião, não seja daqueles que faz uma surpresa e aparece com a sobremesa. Quando o dono da casa recusa esse tipo de ajuda, quer dizer que já planejou todo o cardápio e seu gesto pode se tornar inconveniente.

• Em caso de restrições alimentares, é importante avisar o anfitrião a respeito, para não gerar uma saia justa na ocasião. De resto, caso não queira aceitar algo que seja oferecido, recuse com educação, não é um problema.

• Nada de abordar assuntos polêmicos. Se a visita envolver outras pessoas além do anfitrião (e ainda mais se você não tiver intimidade com os demais convidados), evite falar sobre política, futebol e religião. Além disso, colocar na roda um tema que apenas você domina pode fazer com que a interação social fique limitada, o que não é a ideia de nenhum anfitrião ao promover um encontro.

• Não fume. Mesmo que você saiba que o anfitrião é fumante, ele pode não gostar do cheiro do cigarro dentro de casa assim como os demais convidados. Vale observar o comportamento dos presentes e, se achar conveniente, perguntar sobre o assunto.

• Lembre-se de deixar o banheiro do local em ordem após o uso. Caso note a falta de algum produto em especial ou se acabou o papel higiênico, é de bom-tom avisar o dono da casa a respeito, mas com discrição.

• Ofereça ajuda. Qualquer que seja a ocasião, coloque-se à disposição do anfitrião para ajudar com pequenas tarefas, como tirar a mesa e lavar a louça. Se ele recusar, não insista, pois pode parecer invasivo.

• Olho no relógio. Para encontros diurnos, o limite de tempo é de cerca de quatro horas. Se for uma visita noturna, três horas é a tolerância. Além disso, é bom ficar atento aos sinais do anfitrião de que o encontro está chegando ao fim. Após a sobremesa e o cafezinho, por exemplo, 20 minutos são suficientes para finalizar a visita.

• Elogios e agradecimentos são bem-vindos, sempre. Se for uma ocasião especial, convém, no dia seguinte, enviar uma mensagem agradecendo a ocasião e falando sobre sua satisfação em ter participado.

51. Visitando familiares e amigos no exterior

Visitar familiares e amigos no exterior requer planejamento e organização; afinal, viajar para outro país não é tão simples ou corriqueiro. Devemos considerar também que, caso as visitas fiquem na casa do expatriado (o que costuma ocorrer na maioria dos casos), a convivência tende a ser mais intensa do que quando estavam no Brasil.

Receber visitas de familiares e amigos quando se mora no exterior poderá fazer parte da vida de expatriado. É muito bom mostrar para as pessoas queridas o novo lugar que você escolheu para chamar de seu, visitar pontos turísticos, restaurantes, lojas e seus lugares favoritos, ou seja, mostrar para essas pessoas seu novo mundo.

Além de mostrar sua nova cidade, aproveita-se para matar a saudade e colocar o assunto em dia, fazendo contrapontos entre a vida no Brasil e a vida no novo país.

Geralmente, os anfitriões se encarregam da missão de planejar os passeios, entretenimentos, rever a rotina e deixar o máximo de tempo livre possível para aproveitar a companhia de parentes e amigos.

Pode, contudo, acontecer de algumas vezes, ou em alguns momentos, os anfitriões se sentirem um pouco sobrecarregados com a responsabilidade de escolher os passeios e de agradar as visitas.

Dicas de bom senso

- Divida um pouco a responsabilidade com o anfitrião. Devemos ter o bom e velho jogo de cintura para conciliar nossa rotina com a rotina dos donos da casa. Lembre-se de que é você quem deve se adaptar à rotina alheia, e não os anfitriões que devem se adaptar a sua.
- Não seja um estorvo. Não peça a seu anfitrião que seja seu tradutor, motorista, guia de restaurantes e fonte de informações culturais. E jamais chegue com roupa para lavar!

• Defina claramente o tempo que terá disponível, assim o anfitrião poderá ajeitar os compromissos e lhe dedicar um tempo adequado. Nem sempre será possível estar de férias quando recebemos visitas, mas pode-se tentar sair um pouco mais cedo, negociar um dia de folga ou até mesmo conciliar o horário de almoço.

• Sempre pergunte se o anfitrião deseja que você leve algo do Brasil. Às vezes, produtos brasileiros são difíceis de encontrar em alguns países. Esse agrado é sempre uma gentileza especial.

• Não abuse da hospitalidade. Jamais toque em um assunto pessoal delicado e não conte histórias que desabonem algum amigo comum. Em suma, quando for embora, o relacionamento de todos vocês deve se estreitar, e não enfrentar problemas.

• Disponha-se a ajudar na rotina da casa. Lavar uma louça, cuidar da limpeza de seu quarto, do banheiro e da cozinha. Há países em que os serviços domésticos são normalmente feitos pelos próprios moradores, então mãos à obra para ajudar no que for necessário.

• Depois de passeios, rotina e conversas, é chegada a hora da partida. Esse momento costuma ser difícil, pois na maior parte das vezes não sabemos ao certo quando vamos rever os anfitriões: se será no mesmo ano, no próximo, se os planos de visitar o Brasil darão certo ou de voltar em breve. Se você causou uma boa impressão na casa alheia, provavelmente suas portas sempre lhe estarão abertas.

52. Viajando em grupo

Viajar em grupo pode ser tudo de bom ou tudo de ruim se não conseguir entrar na *vibe* do que corresponde a estar em um grupo. Viajo bastante e tenho uma premissa: viajar em grupo pode dar muito certo e ser uma experiência maravilhosa ou pode dar tudo errado e ser um verdadeiro inferno na Terra! Inclusive rompimentos de relações amorosas costumam acontecer durante o convívio intenso e diário da viagem.

Viajar em grupo permite que você possa focar em viver a experiência, porque você não será o único responsável por planejar e muito menos executar toda a logística. E, sejamos sinceros: a logística dá um imenso trabalho e consome muito tempo e energia, não é mesmo? Dessa forma, viajando em grupo, certamente os deslocamentos, horários, hospedagem, atrações já foram previamente organizados cuidadosamente, para que tudo saia como esperado. Então, sua parte durante a viagem é relaxar e aproveitar. Tem coisa melhor? Mesmo assim, muitas pessoas acabam por provocar as maiores discussões e até mesmo romper amizades por não saberem se comportar numa viagem em grupo.

Dicas de bom senso

• Você não estará sozinho. Qual é o lado bom disso? Viajar em grupo é poder compartilhar as experiências com outras pessoas no exato momento em que elas acontecem, tanto as coisas boas como não tão boas. Ou seja, tirar aquela foto em um ponto turístico, sem precisar utilizar o recurso da *selfie*, não será mais problema. Você terá um viajante amigo para trocar cliques com você. E as risadas? Ah, as risadas e a diversão serão muito mais intensas com viajantes que estão na mesma sintonia. Posso garantir. Enfim, compartilhar é uma experiência enriquecedora.

- A segurança em lugares desconhecidos e de idiomas diferentes é um ponto a considerar. Um dos maiores receios de viajantes, principalmente os de primeira viagem, é se sentir inseguro em lugares desconhecidos. Isso é supernormal. E esse receio costuma aumentar se o idioma do local é diferente do seu. Então, viagens em grupo podem tranquilizar não somente esse perfil de viajante como também aqueles já experientes. Porque, você sabe, os problemas são amenizados quando podemos contar com o apoio de alguém próximo.

- É possível que você economize um bom dinheiro viajando em grupo, pois, com mais pessoas utilizando o mesmo serviço, podemos conseguir bons descontos. É o poder do "juntos somos mais fortes", entendeu? Viajar em grupo pode ser supervantajoso para seu bolso.

- Expanda suas amizades. Viajar em grupo dá a você a oportunidade de criar novos vínculos de amizades, porque vivenciar a mesma experiência ajuda a criar fortes conexões. E se engana quem acha que elas terminam no desembarque. Não mesmo! É supercomum esses "novos amigos" combinarem outros roteiros para conhecer e se divertir juntos novamente.

- Seja pontual. É claro que, ao viajar em grupo, você

não terá toda a flexibilidade que teria viajando sozinho. Provavelmente você encontrará dificuldades para ficar esperando 2 horas pelo pôr do sol perfeito, caso não esteja programado no roteiro. Então, saiba que estar junto com outras pessoas vai requerer de você acatar os horários especificados, porque a harmonia do grupo depende da pontualidade de seus membros, incluindo a sua.

• A vontade da maioria sempre prevalece. Isso não será uma desvantagem se sua vontade for também a da maioria. Mas, a partir do momento em que seus desejos não convergem com o dos outros, isso poderá se tornar uma desvantagem, se você não souber como lidar com a situação.

• Bom humor é fundamental. É claro que talvez você consiga visitar sozinho o tal ponto turístico ou o restaurante que foi voto vencido. Mas, talvez, por algum motivo, não seja possível. Então, você terá que saber lidar com a frustração de não realizar sua vontade. E, principalmente, de não fazer que isso cause desarmonia no grupo.

• Escolha bem o líder do grupo e siga suas instruções. O coordenador da viagem é quem dita o ritmo e a organização do grupo, porque é ele quem precisa ter habilidade para coordenar pessoas de personalidades, humores e rotinas diferentes. É ele quem dá o tom, a harmonia e a sintonia do grupo. Nada de fazer "campanha contrária" ao líder do grupo: isso só gera desarmonia.

• Verifique a existência de dias ou períodos livres no

roteiro. Eles são superimportantes para que haja um tempo para respirar. Possibilitam que você possa diminuir o número de pessoas a sua volta e ficar somente com quem você tem maior afinidade, reduzindo assim possíveis focos de estresse. Você pode até mesmo ficar sozinho, por um tempinho, caso sinta a necessidade. E esses momentos são preciosos, porque você retorna com suas baterias recarregadas e com o pique renovado para seguir viagem. Passar muitos dias, por muitas horas, com as mesmas pessoas, com as quais você pode não ter muita intimidade, pode gerar o que chamo de "crise de proximidade"; então, momentos livres são fundamentais para recuperar seu bom estado mental.

Lembre-se de que nem todos podem estar na mesma *vibe* que você. Todos temos nossos momentos mais introspectivos. Então, respeite o espaço e o momento dos outros membros do grupo.

53. Comportamento nos sites de relacionamento

Muitos de nós nos voltamos para sites de namoro na esperança de encontrar alguém especial. Sites de relacionamentos muitas vezes promovem suas histórias de sucesso, mas como é que se chega lá? Eu mesma sou usuária de um site de relacionamento e até o momento em que escrevo este capítulo não encontrei ninguém legal; pelo contrário, minhas experiências *online* não têm sido muito positivas. Parece que as pessoas perderam a noção das coisas e alguns comportamentos dos homens que estão dando *match*, não somente comigo mas também com minhas amigas, são dignos das pautas daqueles programas de pegadinhas das TVs.

Mas ainda tenho esperanças e acredito no amor! Apaixonar-se não é um processo garantido ou linear, mas há passos que você pode tomar na direção certa.

Dicas de bom senso

- Participar de um site de relacionamento pressupõe que você está livre, aberto para encontrar alguém, com a intenção de ter algo a mais, se envolver. Se um relacionamento vai vingar ou não, é outra história. Portanto, se estiver casado ou em um relacionamento, não entre nesse site sem que seu cônjuge saiba. É desonesto com todos os envolvidos. No caso de seu cônjuge saber que está entrando no site de relacionamento, deixe as regras claras para futuros pretendentes também. Tenha responsabilidade afetiva com o outro ser humano. Já conheci alguns homens nesses sites de relacionamentos que eram casados e esconderam esse fato! Óbvio que pulei fora assim que percebi, pois não quero fazer parte de nenhum relacionamento extraconjugal.
- Muitos homens casados acessam esses sites somente para conversar com outras mulheres e ter sua autoestima inflada pelo fato de terem se interessado por seu perfil. Não têm intenção de um encontro, o objetivo é ficar *online* e se distrair com as mensagens de flerte trocadas para fugir de suas vidas monótonas e sem graça. Não façam isso, é desrespeitoso com a outra pessoa, que nem faz ideia do quão carente você é.

• Diga "oi". Independentemente do site de namoro que você usa, nenhuma interação vai acontecer se ninguém iniciar a conversa. Não tenha medo de falar com estranhos, você e seu par em potencial sabem por que estão no site. Comece a bater papo! O pior que pode acontecer é você não obter nenhuma resposta. Se você não obtiver uma resposta de alguém, é hora de seguir em frente – quem sai perdendo é o outro.

• Apresente-se. É fácil esquecer as apresentações quando você começa com "Oi, seus olhos são lindos" ou "Oi, gato". Elogios são ótimos, mas você precisa acender a conversa. Por exemplo: "Oi, Dani, meu nome é João. Eu vi seu perfil e fiquei curioso. Me fale mais sobre você".

• É recomendado encontrar um fato interessante no perfil da pessoa. Sempre faça perguntas para dar continuidade à conversa. É frustrante quando se pergunta "Tudo bem com você?" e a pessoa só responde "tudo" e ponto final.

• Destaque-se na multidão. Namorar pode ser semelhante a participar de *reality shows*; afinal você está competindo para ganhar o coração de alguém. Não estou aconselhando você a entrar em salas de bate-papo e anunciar suas realizações com alarde, mas diga a seu novo amor em potencial quais são suas qualidades e interesses. O que você faz quando não está trabalhando?

• Atente para sarcasmo e piadas. O humor é uma das maneiras mais eficazes de se conectar com alguém. No entanto, lembre-se de que as palavras, frases e sentenças que dependem de inflexão vocal para ser entendidas corretamente podem não transmitir sua intenção numa mensagem escrita. Se você tem uma personalidade sarcástica, pode parecer agressivo numa sala de bate-papo.

• Falar sobre o que levou você ao site de namoro é apropriado, mas seja positivo e não escreva um romance. Suas primeiras interações devem ser cordiais.

• Seja você mesmo. Não tente levar seu pretendente a acreditar que você é uma pessoa totalmente diferente daquela que realmente é. Não diga as palavras que você acha que o outro quer ouvir. Honestidade e integridade são importantes no mundo digital de hoje, especialmente para terem, posteriormente, um bate-papo ao vivo.

• Mantenha sua credibilidade. Ser pego em uma mentira vai prejudicar o relacionamento que você acabou de construir.

• É natural as pessoas trocarem números de WhatsApp para se comunicarem com mais frequência. Se você trocou números com alguém, entende-se que deseja conhecer um pouco mais aquela pessoa, portanto é de bom-tom que responda as mensagens. É desagradável deixar as pessoas no vácuo, sem nenhuma resposta. Um rapaz que conheci em um site demorou dez dias para responder minha mensagem. Bloqueei.

• Que tal focar na qualidade de seu contato e não na quantidade de pessoas com quem você fala ao mesmo tempo? Se não tem intenção de sair naquele momento com a pessoa, avise-a, para que ninguém perca tempo.

• Use fotos atuais em seu perfil. É desagradável quando, em um encontro presencial, verificamos que a foto do perfil *online* é antiga... A verdade é sempre melhor.

54. Como me comportar no primeiro *date*?

Em minha experiência com os aplicativos de relacionamentos, participei de alguns primeiros encontros que não foram nada agradáveis – alguns chegaram a ser hilariantes e merecem um livro só de contos de *bad dates*.

Quando falamos de etiqueta no primeiro encontro, geralmente se trata de tentar elevar o nível de seu eu incrível; não porque você tem algo a provar, mas porque os primeiros encontros são para mostrar seu melhor.

Você precisa estar alerta e preparado para tudo, mas também precisa manter suas emoções sob controle, porque essa pessoa – mesmo que você tenha conversado com ela por semanas por meio de um aplicativo de namoro *online* – ainda é basicamente uma estranha.

E, enquanto você está lá para causar uma ótima primeira impressão, também está lá para ser honesto sobre você mesmo e sobre o que está procurando.

Você não quer fingir um comportamento ou atitude – sério, o que você ganha se fingir?

Dicas de bom senso

• Seja pontual. Sim, coisas acontecem, mas você realmente não quer deixar seu pretendente esperando.

Quando as pessoas esperam muito tempo, elas imediatamente vão para o modo "Putz, levei bolo". Isso não é divertido para ninguém. Se você estiver atrasado mais de dez minutos, certifique-se de enviar uma mensagem e manter a pessoa informada.

• Coloque seu bendito telefone longe. Você quer ter certeza de que seu pretendente sabe que tem toda sua atenção.

• Reconheça que a estranheza é apenas parte do jogo. Os primeiros encontros podem ser muito estranhos. Quando você se encontra no meio de um silêncio profundo, simplesmente dizer algo como "Uau. Que silêncio. Vamos mudar de assunto" é, na verdade, a coisa mais gentil a fazer.

• Seja honesto sobre o que você está procurando. O primeiro encontro é o momento para expor suas expectativas. Se vocês se conheceram por meio de um aplicativo de namoro *online*, aproveite a oportunidade para falar sobre porque você está *online* e o que espera com isso.

• Vá direto ao ponto do que você idealmente deseja obter com esse relacionamento.

• Se você está esperando encontrar o amor verdadeiro e a outra pessoa está querendo "só" diversão, você precisa saber desde o início, para que possa escapar se precisar.

• Fale a verdade sobre sua situação de vida. Se você está desempregado ou atualmente dormindo no sofá de um amigo por qualquer motivo, coloque tudo isso para fora. Embora seja sempre uma boa ideia manter algumas coisas para si mesmo no primeiro encontro – especialmente no que diz respeito a seu passado romântico –, quando se trata de coisas que podem criar problemas enquanto você namora, você deve trazer isso à tona logo no início.

• Incentive a outra pessoa a fazer o mesmo, e vocês economizarão muito tempo um para o outro.

• Não seja muito crítico. É importante seguir seus padrões, mas também é importante ter uma mente aberta. Se seu par aparecer com uma roupa que você detesta, ou se tiver algo em seu físico que você não considera completamente atraente, não jogue a toalha imediatamente. Julgar é totalmente normal, mas condenar a um ponto em que você nem mesmo dê à sua paquera alguma folga, chance ou o benefício da dúvida, é uma atitude ruim.

• Ouça realmente o que seu par está dizendo e faça perguntas. Ao fazer perguntas, você também está criando um diálogo. Quando uma pessoa continua e não há retorno, as coisas podem ir para o ralo rapidamente. Quero morrer com pessoas monossilábicas (sim, tenho encontrado alguns por aí).

• Tome uma posição se as coisas ficarem estranhas. Se sua paquera ultrapassar um de seus limites pessoais ou fizer qualquer outra coisa que lhe dê uma pista de que ele não é boa pessoa para você, não tenha medo de dizer isso. Você não tem nada a perder, porque provavelmente não vai sair mais com a pessoa de qualquer maneira. Pense nisso como um favor para os futuros primeiros encontros da pessoa.

• Não se preocupe com seu ex. Se a pessoa perguntar, seja tão honesto quanto você se sentir confortável, mas tenha cuidado para não falar mal de antigos parceiros. Esse encontro é sobre um novo começo e há muito tempo para relembrar seu passado se você se envolver.

• Diga se você não estiver emocionalmente disponível. Embora você não precise revelar toda sua história, deve ser honesto se não tem interesse em um relacionamento sério.

• Não tenha medo de encerrar a noite. É sua vida, seu tempo é valioso e você tem um sofá e uma calça de moletom esperando em casa. Não force se você sabe que não é certo para você. Você não precisa pegar outra bebida ou ficar mais tempo do que deseja. Essa é a regra final que você deve seguir – para você e para outra pessoa.

• E quem paga a conta? Ofereça pagar metade da conta: é justo, afinal os dois se divertiram e podem dividir o gasto. Se a outra pessoa se oferecer para pagar o total e você se sentir confortável com isso, aceite. Mas se você se oferecer para rachar a conta e a pessoa recusar, não insista só para provar que você é legal, especialmente se foi uma ótima noite.

55. Desmarcando um encontro

É importante lembrar que em nossa cultura existe um comportamento que é muito comum:

– Oi, há quanto tempo! Tudo bem com você?

– Tudo bem, sim, e com você?

– Ah, está tudo bem. Saudades de você.

– Saudades também, amiga.

– Depois, vamos marcar alguma coisa, o que acha?

– Acho ótimo. Vamos marcar, sim.

E, claro, fica tudo por isso mesmo. Quem nunca participou de um diálogo assim?

A ideia do "vamos marcar" virou algo comum entre amigos, colegas, parentes e pessoas com as quais temos algum tipo de relacionamento. E ainda que a vontade de se ver realmente exista, muitas vezes não conseguimos, de fato, marcar um horário para ver o outro.

Existem algumas desculpas para o "vamos marcar", e uma delas é que deixamos outras prioridades passarem na frente. Algumas vezes, o outro nem é tão próximo assim, e dizemos "vamos marcar" por questão de educação.

O fato é que esse dia pode não chegar, seu amigo pode partir e vocês podem nunca mais se encontrar – ou podem se encontrar e descobrir que já não são os mesmos de antes.

Nos encontros amorosos, existe uma prática (que não é legal) de as pessoas quererem sair com várias outras ao mesmo tempo, e então, para administrar toda essa gente, usa-se o "vamos marcar" e nunca se marca nada. É uma situação chata e a maioria percebe que está sendo deixada de escanteio.

Hoje em dia, temos tantos compromissos com o trabalho, a família, o namoro ou a busca por alguém para namorar, o cachorro, o gato, o periquito... Certas vezes, deixamos passar a oportunidade de estar perto de quem gostaríamos.

É preciso aproveitar para estar perto de quem está a nosso lado no dia a dia, e também é preciso deixar a preguiça de lado e encontrar quem está longe, saber como está a vida, suas tristezas e suas conquistas.

Todos têm um espaço em nosso coração e não é fácil administrar o tempo, que parece estar mais curto a cada dia que passa. Há amigos que não vejo com frequência, mas quando os reencontro parece que os vi ainda ontem! Já há outros que basta uma reunião para fortalecer a amizade. E nada disso abala a relação, pois cada um tem sua frequência afetiva.

Dicas de bom senso

- Vale ressalvar que você só tem um encontro se marcar data, hora e local. Caso contrário, não há encontro nenhum, é só educação de quem não quer de fato estar com você, ou não está disposto a se esforçar suficientemente.
- Não espere alguém partir para saber se esse alguém é importante em sua vida, não espere somente o outro marcar algo. Faça você também. Marque um encontro, com dia e hora estipulados. E, caso ninguém apareça, tenha a consciência de que algo foi feito. De pequenos passos é que as grandes relações são construídas.

• Para cancelar educadamente o compromisso, entre em contato com a pessoa assim que puder. Quanto mais você esperar para fazer o cancelamento, mais inconveniente ele será. Avise o quanto antes, para demonstrar respeito à pessoa e ao tempo dela.

• Se a paquera furar, chame seu melhor amigo ou amiga e saia. Caso ninguém possa ir com você, saia sozinho, seja você sua melhor companhia.

Algumas relações mudam, evoluem ou apenas deixam de existir. Mas não sofra da síndrome do "vamos marcar".

56. Zíper aberto, mau hálito, mau cheiro – como dar *feedbacks* difíceis?

Tenho quase certeza de que você gostaria de ser avisado se estiver com mau hálito, mau cheiro, alface no dente, zíper aberto, não é mesmo? Claro que a situação é delicada e exige tato. Por isso, vale pensar em como diminuir o desconforto e ajudar a outra pessoa.

Essas conversas um pouco mais delicadas e altamente desafiadoras são necessárias e acontecem em casa, nas relações e no trabalho: como dizer que uma pessoa tem mau hálito ou mau cheiro? Como avisar sobre um feijão no dente?

Em meu terceiro livro, chamado *Feedback – Receita eficaz em 10 passos*, apresento inúmeras situações complexas e difíceis, bem como exemplos práticos e sugestões de como dar *feedback* assertivo e ser bem compreendido. Você pode consultá-lo e expandir suas habilidades de falar adequadamente em uma situação complexa.

Esse tipo de *feedback* deve ser dado por alguém muito próximo, com quem haja uma relação de confiança. É importante que quem esteja dando o *feedback* demonstre empatia no rosto e no tom de voz.

Dicas de bom senso

• Seja empático e procure entender o problema. Apesar de o mais lógico ser pensar que a pessoa deveria fazer algo para acabar com o mau hálito ou mau cheiro, muitas vezes ela nem sabe que tem isso. Não é justo com qualquer ser humano deduzir que ele é desleixado. A pessoa pode estar passando por inúmeras situações. Por isso, a regra número é: empatia. Como você se sentiria sendo julgado por algum desconforto corporal que esteja acontecendo com você? Sempre se imagine no lugar do outro para falar.

• Mau cheiro nas axilas: Falta de banho? Desodorante ruim? Roupas mal lavadas? Distúrbio nas glândulas sebáceas? Não importa a razão, o mau cheiro nas axilas incomoda, afasta as pessoas, atrapalha o ambiente, principalmente para os mais sensíveis. Em salas pequenas com ar-condicionado, por exemplo, a situação fica ainda pior. Nesses casos, para iniciar a conversa, não se deve partir do pressuposto de que a pessoa não se cuida. Um jeito elegante de entregar a mensagem é convidar a pessoa para conversar em um café, por exemplo, em um local mais reservado. "Olha, espero que você não se sinta constrangido, mas preciso conversar com você sobre um assunto delicado. Percebi o cheiro de suor... você já notou alguma coisa?" Deixe espaço para a pessoa falar; ela provavelmente vai se abrir se tiver algum distúrbio de saúde. Se a pessoa disser que nunca percebeu, então talvez seja o caso de sugerir: "Entendo a situação, às vezes a gente fica na correria, né? Quando isso acontece, normalmente reaplico o desodorante". Esse é um jeito delicado e direto de apontar o problema e já oferecer uma solução.

• O mau hálito pode ser causado por falta de higiene bucal, mas também pode ser um problema de saúde, (relacionado à estomatite, por exemplo, a uma questão hormonal ou ao ciclo menstrual). Durante a conversa, deve-se dar uma dica para a pessoa de como amenizar isso, dizendo, por exemplo, que você sempre traz escova e pasta de dentes para o trabalho. Deixe claro que sabe muito bem que é uma fase passageira, mas que prefere falar sobre o assunto, apesar do constrangimento para ambas as partes, pois você se preocupa com a pessoa. Procure falar com naturalidade e empatia.

• Alface no dente e zíper aberto: temos que avisar. Pode ter certeza de que, ao perceber a situação, a pessoa sentirá muita vergonha. A melhor forma de apontar o problema é com discrição e naturalidade, mostrando real preocupação: "Ana, corre no banheiro pois tem algo no seu dente. Desculpe-me falar assim, mas eu gostaria que fizesse o mesmo comigo se fosse o contrário". E termine com um sorriso empático e acolhedor. Isso é, de fato, ajudar essa pessoa. Uma situação de zíper aberto também deve ser comunicada, mas sem que você fique olhando muito para a área em questão.

57. Sou fumante / Não suporto cigarro

A lista de riscos que o cigarro oferece à saúde parece não ter fim. Além disso, tem um cheiro marcante e uma fumaça que incomoda, mas mesmo assim ainda existe muita gente que fuma: de acordo com a pesquisa Vigilância de Fatores de Risco e Proteção para Doenças Crônicas por Inquérito Telefônico (Vigitel) de 2018, 9,3% dos brasileiros com 18 anos ou mais são fumantes.

O fumante é cada vez mais malvisto socialmente; por lei, já é proibido fumar em vários locais de uso comum. Por essa razão, foram criadas áreas destinadas aos fumantes. Mas fumar está cada vez mais difícil. Tenho percebido que nem mesmo nas áreas externas em festas e recepções, antes redutos de fumantes educados, há lixeiras ou cinzeiros. Existe um consenso geral de que a falta desses equipamentos vai constranger o fumante.

Dicas de bom senso para fumantes

• Considere a possibilidade de carregar cinzeiros portáteis. Na falta do cinzeiro portátil, apague o cigarro usando a sola de seu sapato e jogue a bituca no lixo.

• Alguns carros novos não vêm mais com cinzeiro. Se você tiver um carro desses e for fumante, não jogue as bitucas na rua. Bata até cair a brasa e depois guarde as bitucas para jogar no lixo mais tarde. Potinhos de chiclete são ótimos para armazenamento temporário sem deixar cheiro no carro, e são fáceis de esvaziar.

• Não fume em ambientes em que outras pessoas estão comendo (meio óbvio, mas não custa reforçar).

• Não sopre fumaça no rosto dos outros (privilégio exclusivo de divas hollywoodianas da década de 1940).

• Não deixe o cigarro queimando no cinzeiro (a fumaça é muito incômoda).

• Procure fumar sempre em um único lugar da casa, se possível arejado.

• Use algum tipo de dispositivo para melhorar a qualidade do ar ao seu redor. Considere isso como um preço a pagar por sua fumacinha.

• Não fume na casa de não fumantes. Caso eles insistam (sim, há amigos que fazem isso), por mais que seja tentador, não aceite e só fume do lado de fora.

• Nunca fume no carro de alguém não fumante.

Dicas de bom senso para os não fumantes

Imagine as seguintes situações:

• Você está correndo no parque, transpirando, e encontra um amigo. Ele não esconde que se incomoda com seu cheiro.

• Seu marido gosta de macarrão ao alho e óleo, e come isso toda noite. Seu vizinho reclama do cheiro da comida que ficou no *hall*.

- No almoço vai ter dobradinha, que está cozinhando na panela de pressão. Entra uma visita e reclama do cheiro da casa.
- Você adora seu cachorrinho. Leva-o para todos os lugares. Um belo dia dá carona para uma amiga que, assim que entra em seu carro, reclama do cheiro de cachorro.
- Você se arruma toda, coloca um perfume ótimo. Quando chega na festa, a dona da casa franze o nariz, mostrando-se visivelmente incomodada com o aroma.
- Você passou o dia todo trabalhando como um cão, não teve tempo de almoçar. Um problema de estômago provocou um tremendo mau hálito. Um colega se aproxima e abana o nariz.

Você classifica essas reações como aceitáveis?

Por diversos motivos, pessoas que se consideram gentilíssimas acham que não precisam cumprir regras básicas de educação quando o assunto é o cheiro de cigarro. Não se esqueça de que existem muitos cheiros desagradáveis além do cheiro do cigarro, e você mesmo pode ser responsável pela produção de algum deles.

58. Música alta só não pode depois das 22h?

Amo ouvir música no volume mais alto possível! Eu adoro, coisa minha. No entanto, não faço isso todos os dias e sempre que estou na *vibe* do som alto verifico com meus vizinhos se estão de acordo, obviamente para dar exemplo de como ser uma pessoa de bom senso.

Quem é que não tem ou nunca teve aquele vizinho inconveniente que fica ouvindo música em volume bem alto durante o dia ou até tarde da noite?

Bem, se você é o tal vizinho (muitas vezes sem noção), tenho más notícias para você. A qualquer hora, do dia ou da noite, o excesso de ruídos é proibido! Ou seja, aquele que desrespeitar tal proibição incorrerá na prática de contravenção penal conhecida como perturbação do sossego alheio, prevista no art. 42 da Lei das Contravenções Penais (Decreto-Lei nº 3.688/1941), que tem a seguinte redação:

> Art. 42. *Perturbar alguém, o trabalho ou o sossego alheios:*
>
> I – com gritaria ou algazarra;
>
> II – exercendo profissão incômoda ou ruidosa, em desacordo com as prescrições legais;
>
> III – abusando de instrumentos sonoros ou sinais acústicos;
>
> *IV – provocando ou não procurando impedir barulho produzido por animal de que tem a guarda.*

O dispositivo acima transcrito nada menciona acerca do que seria um limite de horário permitido para a emissão de ruídos e sons incômodos. Logo, simplesmente não há nenhum fundamento jurídico que respalde a falsa ideia de quem, talvez por desinformação, acredita ser o som alto proibido somente após as 22 horas.

Dicas de bom senso

• Manter a boa convivência com os vizinhos é fundamental. Música alta e barulhos excessivos são as principais reclamações. Que tal reavaliar seu comportamento dentro de casa?

• É preciso respeitar os vizinhos, principalmente idosos e bebês. Quem está em casa quer descansar, mas, com o barulho dos outros, não consegue. Faça sua festa, mas sem incomodar os outros.

• Gosto da política da boa vizinhança e a pratico. Como seria organizar um evento com toda a vizinhança? Eu propus isso no prédio em que moro e deu supercerto! Agora criamos uma comunidade de amigos que se apoiam e se ajudam. Lembre-se de que, se precisar de ajuda, seus vizinhos são os primeiros a chegar e podem salvar sua vida!

• Pergunte para seus vizinhos se a música alta que você ouve de vez em quando atrapalha em algo.

• Alguns cuidados, como ouvir música em volume mais baixo, evitar usar salto alto em casa e colocar fita isolante nos pés das mesas e cadeiras, podem ajudar no dia a dia com a vizinhança. Aquilo que puder ser feito para manter a tranquilidade de todos deve ser feito. Evite que as crianças brinquem até tarde com objetos barulhentos e cuide para que os cachorros não incomodem os vizinhos.

• Se for reformar a casa, avise vizinhos e cumpra o horário determinado pela convenção de seu condomínio.

Muitas pessoas estão trabalhando em sistema de *home office* e precisam de silêncio durante o dia. Durante a pandemia, fiz muitos eventos e palestras *online*, para os quais era necessário silêncio em volta. Tomei a liberdade de conversar com meus vizinhos antes desses eventos e, assim, buscamos organizar as necessidades de reformas sem prejudicar o trabalho. Todos sempre colaboraram.

Ter respeito e consideração com o próximo são atitudes que deixam a convivência muito melhor. Não é algo difícil. Quando há colaboração de todos os lados, o dia a dia é mais tranquilo.

59. Festas de aniversário – no bar, no *buffet* ou em casa?

Muita gente opta por realizar festas de aniversários em danceterias, restaurantes, bares ou *buffets*. Quem dá o tom da festa é o tipo de convite que você vai enviar a seus convidados.

Dicas de bom senso

- Avise com antecedência seus convidados se sua festa será no esquema de cada um paga o que consome; assim, seus amigos poderão se preparar para arcar com essa despesa.
- Mesmo em festas em que o convidado paga a conta, é de bom-tom levar um presente para o aniversariante. Trata-se de um aniversário e o seu objetivo de estar lá é celebrar mais um ano de vida de seu amigo.

- É importante sempre identificar quem deu cada presente. Isso será muito útil no caso de você querer agradecer as pessoas por telefone ou na primeira oportunidade em que encontrá-las.
- Cumpra os horários. Aniversariante sempre chega antes de todos. É deselegante o convidado chegar e o aniversariante não estar a postos
- Pode-se colocar horário de início e fim do evento, principalmente se a festa acontecer em um *buffet*. Mesmo nas festas realizadas em residências pode-se usar esse recurso, mas convidados tendem a ficar mais tempo quando abrimos as portas do lar.
- Independentemente de onde seja realizada a festa, não é legal levar uma pessoa que não foi convidada. Se você estiver namorando, ligue para o aniversariante e pergunte se pode levar sua companhia.
- O aniversariante é a pessoa que menos se diverte na festa. Ele deve receber os convidados, dar atenção a todos, conferir quem está com o copo vazio, ficar de olho no serviço da festa etc. O bom funcionamento da festa vai depender do olhar do aniversariante.
- O comportamento nas redes sociais deve ser como na vida real. Ou seja, todas as mensagens de aniversário que você recebe em suas redes sociais devem ser respondidas. Se a pessoa parou um minuto para escrever, você também pode parar para agradecer. Pode-se também enviar uma mensagem generalizada, mas com carinho.

60. Dividindo com os amigos a conta do jantar

Dinheiro pode ser um assunto delicado e a falta de noção de algumas pessoas no que tange à divisão de contas em bares e restaurantes rendeu este capítulo.

Pagar jantares fora de casa pode ser um fardo financeiro se colocarmos a conta na ponta do lápis.

Para evitar conflitos, converse abertamente com seus amigos sobre o compartilhamento da conta o mais rápido possível. Geralmente, os que não se preocupam com como a conta será dividida não têm problemas financeiros ou são os folgados do grupo, aqueles que pedem os pratos e as bebidas mais caros e na hora de pagar querem dividir a conta igualmente entre todos, sem se preocupar se outro colega só tomou uma água mineral a noite toda.

O ideal é sempre checar com o restaurante ou bar se é possível oferecer comandas separadas para o evento, mas nem todo lugar trabalha assim, então é importante pensar em soluções para resolver a questão.

Dicas de bom senso

- Quando a conta é colocada na mesa, pergunte a seus amigos como eles gostariam de pagar. O momento dessa abordagem permite que seus amigos saibam que você não está muito ansioso para dividir a conta, ao mesmo tempo que afirma claramente que todos são responsáveis pelo pagamento.
- Se necessário, ofereça algumas sugestões de como o grupo pode dividir a conta. Por exemplo, pode ser

solicitado que cada um pague o que consumiu. Vale frisar que cada um deve considerar, em sua conta, as gorjetas e taxa do local.

• Revezar o pagamento funciona bem para pessoas que frequentemente jantam juntas e geralmente comem em restaurantes com preços semelhantes. Aquela prática de "hoje eu pago, a próxima é sua!".

• Se houver confiança entre os integrantes da mesa, alguém pode pagar a conta e receber das demais pessoas depois. Isso também pode ser feito em esquema de revezamento quando o grupo é constante. Isso também mantém o processo de pagamento de contas rápido e simples.

• Se você e seus amigos não consideram necessário calcular quanto cada pessoa gastou, pode-se dividir a conta igualmente entre os presentes. Algumas pessoas não se incomodam em pagar um pouco mais ou um pouco menos do que devem, ao passo que outras ficam preocupadas em pagar pelo jantar de alguém. Se você decidir dividir a fatura igualmente, verifique se cada pessoa solicitou itens com preço aproximadamente equivalentes e se ninguém tem problemas com essa maneira para dividir a conta.

• E quando há crianças no grupo? Normalmente, as crianças não são consideradas na divisão da conta porque pressupõe-se que consomem muito menos que os adultos, mas isso é relativo. Já vivenciei a seguinte situação: fui jantar com um casal de amigos que tem dois filhos. As crianças pediram pratos individuais como os adultos, porém não comeram tudo. Na hora da conta, me propuseram dividir a conta igualmente em três partes, retirando as crianças. Não foi justa essa divisão; afinal, o prato das crianças tinha valor equivalente aos demais. Paguei a conta como proposto, mas nem preciso dizer que nunca mais saí com eles.

• Você tem a opção de pagar exatamente pelo que pediu. Veja bem: entre amigos, talvez não valha a pena causar um conflito apenas para pagar só pelo que você pediu. Você deve ter uma ideia de qual é seu total, e sempre poderá checar rapidamente na hora da conta. Mas se na mesa foi pedida uma garrafa de vinho, por exemplo, que você não consumiu, ofereça-se para pagar pelo que você pediu e para dividir eventuais itens que tenha compartilhado com seus amigos.

• Certifique-se de dividir a conta de maneira que você se sinta confortável. Tenha um plano estabelecido e acordado antes de sair com os amigos. Assuma o controle da situação, abordando o tópico de dividir a conta de maneira diplomática, mas direta. Este não deve ser um tópico contencioso ou desconfortável, se as pessoas forem amigas. O que é combinado não sai caro!

• Quem convida paga! Não é uma regra geral, mas faça isso de vez em quando e verá como a abundância entra em sua vida. Pagar a conta toda é uma gentileza que sempre agrada a todos e melhora as relações de amizade. Recomendo.

Parte IV

Conclusão

Este é meu quinto livro e, sem dúvida, foi o mais complexo e difícil de escrever até agora. Minha preocupação foi a de manter um texto que permanecesse atual, independentemente de quando esteja sendo lido.

Isso é difícil! Afinal, o mundo evolui e os comportamentos tidos como "comuns" em nossa sociedade também. Isso é bom!

Durante os meses de escrita, aprendi muito com cada capítulo, mudei de opinião, pensei em desistir e mudar de tema, fiquei indignada com várias situações, me senti horrível ao escrever, busquei deixar minha escrita no mínimo razoável.

Espero que este livro seja usado como uma cartilha prática, de fácil consulta, quando uma dúvida sobre bom senso pairar sobre a sua vida. Essa é minha humilde pretensão. Acredito, de verdade, que todos temos bom senso e que alguns estão somente com esse conhecimento adormecido. Despertá-lo parece difícil, mas exige apenas que você seja mais atento e reflita acerca das circunstâncias antes de tomar decisões. Uma pessoa que exercita o bom senso é capaz de fazer boas escolhas.

Vou adorar receber seu *feedback* sobre as situações descritas neste livro e novas dicas de bom senso. Comunico-me com meus leitores por meio da rede social Instagram @danieladolago ou do e-mail daniela@danieladolago.com.br.

Espero ter contribuído positivamente para a sua carreira e para a sua vida.

Bibliografia recomendada

ALBRECHT, Karl. *Inteligência prática:* arte e ciência do bom senso. São Paulo: M. Books, 2020.

BIÉLER, André. *O pensamento econômico e social de Calvino*. São Paulo: CEP, 1990.

BRACHMAN, Ronald J.; LEVESQUE, Hector J. Toward. *A New Science of Common Sense.* In: Proceedings of the AAAI Conference on Artificial Intelligence. 2022. p. 12245-12249.

BRONOWSKI, Jacob. *The Common Sense of Science*. Cambridge: Harvard University Press, 1953.

COVEY, Stephen R. *Liderança baseada em princípios*. 3 ed. Rio de Janeiro: Campus, 1994.

COVEY, Stephen R. *A grandeza de cada dia*. Rio de Janeiro: Sextante, 2008.

FORGUSON, Lynd. *Common Sense*. London: Routledge, 1989.

FREINET, Célestin; BATISTA, J. *Pedagogia do bom senso*. São Paulo: Martins Fontes, 2000.

FURNHAM, Adrian. *Social Psychology as Common Sense*. Bulletin of the British Psychological Society, 1983.

GREGORI, José. *Limites e bom senso. Revista Jurídica da Presidência*, v. 2, n. 17, 2000.

JARA-ETTINGER, Julian *et al. The Naïve Utility Calculus:* Computational Principles Underlying Common Sense Psychology. Trends in Cognitive Sciences, v. 20, n. 8, p. 589-604, 2016.

KANT, Emmanuel. *Fundamentação da metafísica dos costumes*. São Paulo: Martin Claret, 2002.

KELLEY, Harold H. *Common-sense Psychology and Scientific Psychology.* Annual Review of Psychology, v. 43, n. 1, p. 1-24, 1992.

NALINI, José Renato. *Ética geral e profissional.* São Paulo: Revista dos Tribunais, 2001.

PAINE, Thomas. *Senso comum*. Piraquara: Convivivm, 1973.

RATCLIFFE, Matthew. *Rethinking Common Sense Psychology:* A Critique of Folk Psychology, Theory of Mind and Simulation. Berlim: Springer, 2006.

ROBBINS, Stephen P. *Comportamento organizacional*. São Paulo: Pearson, 2005.

RODRIGUES, A, S. J. *Práxis cristã da criação de valores*. São Paulo: Loyola, 1972.

SEVERINO, Antônio Joaquim. *Filosofia*. São Paulo: Cortez, 1992.

SINGER, Peter. *Ética prática*. São Paulo: Martins Fontes, 2002.

STERNBERG, Robert J. *et al*. *Testing Common Sense*. American Psychologist, v. 50, n. 11, p. 912, 1995.

TILLICH, Paul. *A coragem de ser* – baseado nas conferências Terry pronunciadas na Yale University. Trad. Eglê Malheiros. 2. ed. Rio de Janeiro: Paz e Terra, 1972.

TUGENDHAT, Ernst. *Lições sobre ética*. São Paulo: Vozes, 2000.

VAARA, Eero; WHITTLE, Andrea. *Common Sense, New Sense or Non-Sense?* A Critical Discursive Perspective on Power in Collective Sensemaking. Journal of Management Studies, v. 59, n. 3, p. 755-781, 2022.

VAN DER KELLEN, David; NUNES, Ludmila Duarte; GARCIA-MARQUES, Leonor. *Sensibilidade e bom senso:* princípios fundamentais da teoria de detecção de sinal na investigação em Psicologia. Laboratório de Psicologia, v. 6, n. 1, p. 75-91, 2008.

VÁZQUEZ, Adolfo Sánchez. *Ética*. 23 ed. Rio de Janeiro: Civilização Brasileira, 2002.

WEBER, Max. *A ética protestante e o espírito do capitalismo.* São Paulo: Pioneira, 2001.

ZAJDSZNAJDER, Luciano. *Ser ético no Brasil*. Rio de Janeiro: Gryphus, 1994.

Daniela do Lago

•Professora, escritora, profissional e pesquisadora dos temas e dos conteúdos ligados à carreira. Ministra treinamentos e palestras e atua há mais de 16 anos com Gestão de Pessoas em diversas empresas.

•Autora de 5 livros. Em 2014 lançou seu livro **DESPERTAR PROFISSIONAL**, *que contém dicas práticas de comportamento no trabalho. Em 2016 lançou o livro* **UP – 50 dicas para decolar na sua carreira**, *sobre carreira e mercado de trabalho. Em 2018 lança seu terceiro livro,* **FEEDBACK - Receita Eficaz em 10 passos**, *onde ensina de maneira prática o passo a passo para dar feedback. Em 2019 lançou* **DAILY SHOTS - 365 Inspirações para começar bem o dia no trabalho**. *Em 2022 escreveu a obra* **BOM SENSO Na vida e no trabalho. Será que realmente você tem?** *Todos os livros foram publicados pela Editora Integrare.*

•Vencedora do prêmio "Líder Empreendedor 2010", fornecido pelo Congresso de Recursos Humanos FONATE.

•Apresenta dicas semanais sobre Coaching e Carreira no programa de Rádio Transnotícia, veiculado também pela internet.

•Professora dos cursos de MBA da Fundação Getúlio Vargas, desde 2007, para a disciplina de Gestão de Pessoas.

•Foi eleita a Melhor Professora da Disciplina de Gestão de Pessoas dos cursos de MBA da Fundação Getúlio Vargas nos anos de 2016, 2018 e 2019.

•Mestre em Administração com foco em Comportamento Organizacional pela Universidade Municipal de São Caetano do Sul.

•MBA em Marketing pela Fundação Getúlio Vargas.

•Bacharel em Administração pela Fundação Santo André.

•Formação Internacional em Coaching e especialização para Liderança.

•Autora de diversos artigos acadêmicos publicados em congressos e revistas no Brasil e exterior, tornou-se colunista de vários sites, revistas e jornais. Seu projeto "Os melhores projetos de MBA de 2002" foi publicado em livro pela FGV.

DESPERTAR PROFISSIONAL

DICAS PRÁTICAS DE COMPORTAMENTO NO TRABALHO

ISBN: 978-85-8211-063-8
Número de páginas: 232
Formato: 14x21cm

Se você está aberto a aprender mais sobre você mesmo, a derrubar paradigmas e crenças que limitam sua carreira e progredir, está pronto para criar mudanças em sua vida e disposto a obter sucesso em sua carreira, então leia este livro!
Todo profissional irá se beneficiar com as dicas práticas e imediatamente aplicáveis sobre os dilemas comportamentais e problemas de relacionamentos que enfrentamos durante nossa vida corporativa.
Com uma linguagem clara e objetiva, os textos foram organizados em formato de "pílulas de conhecimento", que podem ser aplicadas em situações específicas no trabalho e se destinam a todo profissional, independentemente do momento de carreira.
A autora busca oferecer aos leitores crônicas, críticas, provocações e reflexões da vida corporativa moderna, sempre com intuito de fazê-los crescer, aprender e avançar na carreira.

UP

50 DICAS PARA DECOLAR NA SUA CARREIRA

ISBN: 978-85-8211-077-5
Número de páginas: 248
Formato: 14x21cm

Os profissionais, na maioria dos casos, são contratados pelas empresas para trabalhar por suas habilidades técnicas. Porém, sua carreira é impulsionada ou derrubada pelo aspecto comportamental.
De uma maneira prática e aplicável, ***UP - 50 dicas para decolar na sua carreira*** traz conceitos acadêmicos consolidados sobre comportamento no trabalho. Trata de regras das empresas que não estão escritas em nenhum lugar e que regem as relações no dia a dia corporativo.
Se você atua ou vai atuar em uma empresa, independentemente do momento da carreira em que esteja vivendo, este livro foi escrito para você!
O conteúdo do livro foi construído de maneira diferente. Traz 10 capítulos direcionados para quem está em início de carreira, outros 10 para mulheres e seus dilemas no trabalho, 10 capítulos para aqueles que já assumiram cargo de liderança na empresa e os 20 últimos são para os profissionais que querem dar um "upgrade" na carreira.
São crônicas, críticas, provocações e reflexões da vida corporativa moderna, sempre com dicas práticas e imediatamente aplicáveis.

FEEDBACK

RECEITA EFICAZ EM 10 PASSOS

ISBN: 978-85-8211-103-1
Número de páginas: 168
Formato: 14x21cm

O livro ***FEEDBACK: Receita eficaz em 10 passos*** apresenta as ferramentas necessárias para que você consiga fazer uma crítica de maneira efetiva, elogiar sem bajular e a receber críticas sem ficar na defensiva.
O conteúdo deste livro foi construído com base em diversas técnicas de vários autores e adaptado para a realidade corporativa brasileira, trazendo conceitos acadêmicos consolidados sobre como dar e receber feedback através de uma receita simples e eficaz.
Pessoas bem-sucedidas sabem valorizar os feedbacks que recebem de chefes, subordinados, colegas, clientes e fornecedores, e aprenderam a utilizá-los em proveito próprio.
Essas pessoas buscam esse retorno como ferramenta de crescimento pessoal e profissional. Igualmente, reconhecem a necessidade e a importância de tecer feedbacks, mas fazendo-o sempre de maneira a aprimorar desempenhos e relacionamentos. Leitura recomendada para empresários, empreendedores, líderes e profissionais que optam por crescer mais rapidamente na carreira, ouvindo abertamente as críticas e elogios que recebem.

DAILY SHOTS

365 INSPIRAÇÕES PARA COMEÇAR BEM O SEU DIA NO TRABALHO

ISBN: 978-85-8211-109-3
Número de páginas: 232
Formato: 16x23cm

Ao se levantar pela manhã, o que você espera do seu dia? Já pensou nisso?
Neste livro, Daniela do Lago nos instiga e obriga a pensar sobre nossa vida profissional e pessoal. Minuciosamente escrito, capaz de inspirar a mente e acalmar a alma, esse livro tem o poder de provocar *insights* necessários e úteis, através de estímulos certeiros e belos, caprichosamente organizados em um formato de agenda diária.
São 365 mensagens curtas e positivas – uma para cada dia do ano.
Verdadeiras provocações para o leitor focar no que é realmente importante.
Traz, ainda, espaços para você anotar seus *insights* e planos.
Enfim, faz com que você, de uma maneira prática e aplicável, um passo por vez, caminhe sempre em direção à busca pelo significado de seu trabalho e carreira!

Contatos da Autora

www.danieladolago.com.br

www.instagram.com/danieladolago

contato@danieladolago.com.br